Housing market Crash

中國樓市崩盤中

債務危機、政策調控、經濟轉型……
深度剖析樓市難題，
重構城市與經濟的發展之路

智本社 著

房地產企業債務風險、政府介入市場問題、
政策及市場前景、地方財政結構關係……
**從房地產市場迷局到全球經濟案例，
探索中國城市化的未來可能**

目 錄

序：追問　　　　　　　　　　　005

前言　　　　　　　　　　　　　009

樓市迷局：困境與挑戰　　　　　013

樓市政策：解局與啟示　　　　　045

深圳樣本：一座城市的探索　　　093

思想光芒：大家的智慧啟迪　　　139

歷史的眼光：從過去看未來　　　153

經濟哲思：理論與現實的交融　　201

目錄

序：追問

在這個時代，提出一個好問題比解惑更為珍貴。

2008年以來，我們經歷了什麼？金融危機、債務危機、政治民粹運動、貿易摩擦及去全球化、新冠疫情大流行、史詩級股災、供應鏈危機、生育率斷崖式下降及人口危機、國家衝突及戰爭、能源危機、糧食危機、國際秩序崩壞……世界，正滑入「馬爾薩斯災難」嗎？

每一個大問題都關係到人類的前途和個人的處境。但是，現代人追問能力的退化及網路傳播下資訊的氾濫，讓問題變得複雜與神祕。

金融危機為何爆發，是聯準會升息所致還是降息所致？是葛林斯潘（Alan Greenspan）的問題還是聯準會的問題？是聯準會的政策問題還是制度問題？是監督制度問題還是全球央行及法定貨幣制度問題？全球央行及法定貨幣制度問題的本質又是什麼？貨幣理論是否有問題？

顯然，後危機時代，我們並未深刻意識到這些問題，以致金融體系不可挽回地惡化，貨幣淪為「公地悲劇」。集體行動如何避免「公地悲劇」（Tragedy of the commons）？國家組

序：追問

織扮演了進步角色還是成為始作俑者？國家為何陷入「諾斯悖論」？

法國大革命後，民族主義國家成為人類進步的重要力量，國家現代化已是大勢所趨。在全球化時代，民族主義國家與經濟全球化是否會產生矛盾？當下，國家衝突是否與這一矛盾有關？全球化的認知是否有誤？未來，國家組織如何演變？

為何有些國家經濟成長快，有些國家則陷入停滯？為何有些國家的經濟成長快但家庭財富卻成長慢？這種經濟成長模式是否可持續？當貨幣流通速率長期大於經濟成長率時，經濟將走向何方？當經濟成長率長期大於家庭收入成長率時，經濟又將如何演變？

貧富差距是這個時代不可迴避的問題。貧富差距的原因是什麼？何處存在正當性和不正當性？貨幣政策是否加劇了不平等？福利主義是否破壞了公平競爭？

人口危機又是一大社會焦慮。生育率下降的合理因素是什麼？

生育是否是必需品？額外因素是否增加了生育成本？高齡化的問題是養老問題、成長問題還是制度問題？通貨膨脹、公共養老制度是否惡化了養老問題？

困惑，亦是我寫下百萬字且繼續寫作的動力。長期以來，我追問的線索是經濟學的思維，即個人經濟行為。不過，經濟學「埋雷」無數，同樣需要不停地追問。

追問不止，筆耕不息。智本社，與思想者同行。

清和

序：追問

前言

近年來，房地產行業疲弱壓力大，隨後一系列樓市政策發表救市，房地產行業逐步恢復和回穩，房地產與城市經濟、地方政府財政的相互影響力也在改變。本書聚焦於房地產與城市化的核心問題。你是否想過，我們身邊的房地產市場會受影響嗎？

政策又是如何出手救市的？本書將帶你一探究竟。

本書包括六個部分，前三部分為「樓市迷局」、「樓市政策」和「深圳樣本」，以房地產危機、樓市政策調整和城市案例三方面來觀察中國的房地產問題。

「樓市迷局」的兩篇文章透過2021年前後房地產企業出現債務風險來追溯債務危機的引發條件、爆發原因與影響，以及近些年房地產行業的格局變化。除此之外，〈該不該救樓市？〉一文還從一般性理論角度出發探討：當發生經濟「意外」、企業破產，政府應不應該出手拯救？

2022～2023年，樓市政策陸續發表。第二部分從房地產行業、居民、財政三個角度分析房地產行業政策，〈房地產「轉折點」來了嗎？〉一文探討樓市政策和房地產市場前景。

前言

〈提前還貸與降未還清房貸利率〉則從「提前還貸潮」的現象分析存量房貸利率調整帶來的影響。房產稅試行布局已久，〈房產稅能否替代土地財政？〉一文討論房地產稅作為優化地方政府財政結構、緩解債務壓力之過渡方案的可行性。

第三部分選取了深圳這一城市來討論房地產與城市發展如何相互影響。作為中國一線城市，深圳的財政結構健康、政府治理效率高，但也存在高房價、教育資源緊繃等大城市病。〈何謂深圳模式？〉一文介紹了深圳所取得的經濟成就，同時運用經濟學理論解釋深圳的持續成長的基本邏輯。隨著中國城市化速度加快，一座城市的競爭力、治理能力，也應該有新的衡量角度和指標，〈深圳的虛與實〉探討了這一問題。城市的新產業的策略布局也相當重要，〈深圳發力新基建〉從公共財這一角度來討論城市與未來產業發展。

本書的後三個部分為：「思想光芒」、「歷史的眼光」和「經濟哲思」。

這一期的「思想光芒」重溫了19世紀時期經濟學家賽伊（Jean-Baptiste Say）的生平及理論。賽伊是經濟學史上的一位集大成者，是亞當斯密經濟學思想的堅定傳播者。他對亞當斯密的經濟學理論進行了體系化、通俗化的再解讀，令人耳目一新。他提出的「供給會創造自身的需求」的觀點對當代的經濟政策具有啟發性。

「歷史的眼光」這一部分選取了美國、新加坡兩個案例。前者回顧了美國房地產由 1970 年代的證券化到如今的房地產貨幣化的歷程，這種轉變也勾勒了美國經濟金融化之軌跡。新加坡的組屋（國民住宅）、商品房（社會住宅）雙軌制度是全球較為成功的保障房（社會住宅）模式，基本解決了新加坡「居者有其屋」的問題，這與新加坡的地理位置、國家發展有關。

最後，「經濟哲思」包括兩篇文章。德國 20 世紀的經濟學者瓦爾特・歐肯（Walter Eucken）與其創立的弗萊堡學派對德國戰後經濟體制重構、穩定成長三十年發揮了重要作用。《歐肯與〈經濟政策的原則〉》一文再讀瓦爾特・歐肯及其經濟學思想，以及其如何實踐於德國經濟政策。

另一篇文章《〈讀國富論〉：亞當斯密的繼承、開創和遺漏》採用了比較的方式進行文字細讀，聚焦當時的歷史背景，討論亞當斯密經濟學思想如何繼承前者、有何開創性價值及該如何理解他對當時經濟學成果的「遺漏」。

最後，期望讀者能夠在閱讀本書過程中獲得知識與樂趣，以經濟學的思維思考工作和生活中的現象與問題。本書如有疏漏之處，還望讀者指正。

前言

樓市迷局：困境與挑戰

　　房價的變遷，可能蘊藏著一個戲劇性的故事，但也可成為一個好的經濟學研究項目。

　　房地產的資本化、證券化、貨幣化也反映出經濟的發展變化。在不同經濟體中，隨著不同程度的革新和政策，房地產完成了不同的歷史使命，最終扮演著品質、規模不一的國民經濟角色。

樓市迷局：困境與挑戰

該不該救樓市？

2020 年，受新冠疫情的衝擊，中國 20 多個城市緊急推出樓市「救市」新政。各地救市之急切、行動之迅速、花樣之豐富、加槓桿之凶猛，令人眼花撩亂。

本部分以疫情之下的樓市新政為切入點，分析疫情對樓市的衝擊，政府該不該救樓市，以及公共政策該如何合理「救市」。

01 疫情對房地產的衝擊

對於房地產行業來說，新冠疫情是一次突發的現金流「事故」。

疫情消息公開後，房地產銷售、建設、投資及土地拍賣全面停止，房地產的韌性備受考驗。疫情中斷了房地產企業高周轉率，導致現金流壓力大增及負債率上升。

疫情對樓市的衝擊，房地產業成長停滯事小，終結高周轉率事大。

近年來，中國房地產已演化為一種高周轉率、高槓桿的金融項目。

可能很多人不了解高周轉率對房地產的重要性，但高周

轉率可以說是大型開發商的「生命線」。

高周轉率模式，極大壓縮了從取得建地、建屋、銷售到資金回流整個週期的時間。萬科最先提出了「5986」高周轉率模式：取得建地 5 個月動工，9 個月銷售，第一個月售出 8 成，6 成產品必須是住宅。

後來，因擔心施工安全及房屋品質，萬科放棄了高周轉率模式。

但是，碧桂園承襲了這一模式，並在近些年將其發揮到了極致。

碧桂園的高周轉模式被同業稱為「456」模式，即取得建地 4 個月開案，5 個月資金回流，6 個月資金再周轉。

中國房地產業周轉加速，大概從 2015 年開始。當時，中國剛剛全面啟動「供給側結構性改革」，實施棚改貨幣化政策，中國房地產進入去產能、去庫存、去槓桿的關鍵階段。

當時，房地產企業面臨一次各自不同的策略選擇。

很多小型房地產商陷入流動性困境，不得不壓縮產能，快速「回血」求生。

而中型房地產商和部分大地產商卻採取了相反的策略。中梁、泰禾、陽光城等中型房地產商，紛紛效仿碧桂園的高周轉率模式，逆勢加槓桿，操控高周轉率，虎口奪食，狼吞虎嚥，試圖快速躋身全國性大型房地產企業之列。

樓市迷局：困境與挑戰

為什麼這些房地產商逆勢而行？

當時,「跑步進入行業前30,否則死掉」,成為業界的共識。

中型房地產商面臨「生與死」的兩難選擇：要麼逐步收縮,控制成本和現金流,甘願做地方性地產商；要麼放大槓桿,快速躋身30強,突破千億元大關,實現「大而不能倒」。

於是,大型及中型房地產商攻城略地、速戰速決,將高周轉率玩到極致。

根據中國房地產業協會、上海易居房地產研究院釋出的《中國房地產開發企業500強》報告,2017年,500強房地產開發企業的餘屋周轉率從0.35驟降至0.16,到2018年又下降至0.13。

三年來,高周轉率給中國地產業帶來什麼？

一、中國地產規模快速膨脹,三四線城市房地產價格普漲,是一個地方性極強的行業,借棚改貨幣化之勢,在三四線城市攻城略地,全國房價應聲上漲。

例如,2016～2018年,中梁控股銷售規模從100億元躍升為千億元,挺進地產20強。2016～2018年,中梁分別拿到63塊、119塊、221塊地,其中有34塊、88塊、168塊地位於三四線城市。這匹黑馬,採用極致高周轉率模式,攻占三四線城市,被業內稱為「三四線城市收割機」。

二、經濟槓桿率快速上升,家庭以及房地產企業的負債率快速上升

房地產高周轉現象,基本上是一種金融邏輯。

高周轉,相當於快速地將房地產推入金融高速軌道,即用最短的時間、最大的槓桿,把規模做到最大。

為了快速擴大規模,中型房地產商大量採用合作槓桿,使用資管、信託等高成本融資方法。

一般來說,大型房地產商具有更強的資金實力和信用評級,因此更容易獲得較低成本的融資。相比之下,中型企業和小型企業可能面臨更多的融資管制和風險。由於規模較小,這些企業可能較難獲得低成本的融資,並且對單一專案的依賴度可能更高。因此,中型和小型企業的合作槓桿率相對大型企業要高。

我們看中梁,中梁的擴張資金主要來自信託、資管──一個叫忠信資本的資本運作平臺。2019年中梁募股數據顯示,截至2018年底,中梁還有109個信託或資產管理計畫尚未償還,總額達到147億元,約占借款總額的54.5%。

我們再來看這家公司的負債率變化:2015年為1335%,2016年為1790%,2017年為339%,2018年為58%。

猶如雲霄飛車般驚心動魄的負債率曲線,說明中梁高周轉是一種極端槓桿模式。

樓市迷局：困境與挑戰

這些年，高周轉放大了房地產商的槓桿，加劇了房地產的脆弱性。

事實上，2018年以來，銀行信貸緊縮，地產商融資成本增加，一些中小型房地產商資金鏈斷裂。

但是，這條負債率曲線也說明，一旦房地產商拿到「安全門票」，便容易透過傳統管道融資（如銀行信貸、股票市場）來降低負債率。

所以，高周轉率導致房地產市場更加脆弱、債務風險更大。

中國經濟槓桿率屬於什麼水準？

根據中國國家金融與發展實驗室釋出的《2019年度宏觀槓桿率報告》，2019年，中國政府部門槓桿率為38.3%，民眾部門槓桿率為55.8%，非金融企業部門槓桿率為155.7%。

再看土地財政到了什麼程度，土地財政依賴度超過100%的城市有廣州、武漢、南京、杭州、昆明、南寧、太原、長春。

所以，中國政府救樓市，表面上是救開發商，其實是防止地方財政惡化和銀行違約率上升。

疫情期間，地方政府准許開發商延期繳納土地價金，減免房產稅、城鎮土地使用稅；降低信貸門檻，給房地廠商提供信貸支持；開放銷售中心，降低預售門檻。

該不該救樓市？

2020年2月19日，蘇州釋出土地新規，取消成屋銷售和上梁銷售的限制，這其實很明顯地在支持高周轉，促進房地產商快速「回血」。

在高周轉的推動下，每個建案就像接力賽，從取得建地到銷售，一棒接一棒，一個建案接一個建案，資金快速滾動。公司利用快速周轉的現金流及快速獲得的土地，從銀行、資管等管道獲得資金。

這就相當於負重快速奔跑過浮橋，是停不下來的，停下來則掉進河裡。一旦銷售終止或銷售率快速下降，便使得新建案融資成本提高，同時支付利息的壓力巨大。

那麼，樓市非救不可嗎？

02 到底該不該救樓市？

首先，可以確定的是，面對突發的、複雜的、全球性的疫情，政府必須施以援手。

通常，經濟正常波動，政府不需要救市，更不能深度介入市場。但是，這次不一樣，因為疫情的突然爆發導致市場中斷，這並非正常的經濟波動。

疫情爆發初期，疫情消息未能流通，市場沒有接收到資訊，導致供給系統失靈。疫情消息公開後，政府接管、嚴控，市場被迫中斷，企業猝不及防，打亂了企業主的預期。

◆ 樓市迷局：困境與挑戰

政府救市的目的是，修復企業及家庭資產負債表，幫助市場恢復正常的供給系統，幫助企業主重建市場預期及信心。

但是，政府出手，不應該是救樓市，或是救車市，抑或是救任何一個產業、市場或企業，而是一視同仁地「救市」。

什麼意思呢？

救助任何一個產業、一個市場或一家企業，都是對市場競爭規則的破壞，對其他企業、競爭對手及個人而言，都是不公平的。

我們習慣站在集體的角度支持救樓市，因為這等於穩定成長，等於救經濟，等於救每一個人。但是，經濟學並不完全支持這一點。

亞當斯密在《國富論》(*The Wealth of Nations*)中表達過類似的觀點：所謂有益的補貼是有害的──尤其是對比較貧窮的底層人士來說──其有害程度甚於任何一種對生活必需品的沉重課稅。

亞當斯密的追隨者、法國經濟學家巴斯夏用「看得見的和看不見的」解釋得更清楚。

他曾寫過一篇反諷文章叫〈蠟燭製造商關於禁止太陽光線的陳情書〉。這篇文章說，陽光照射在地球上以後，蠟燭工人的工作減少了，所以蠟燭商希望國會議員阻止大家使用陽光。

該不該救樓市？

用國會的力量阻止人們使用陽光，蠟燭銷售量更高，對蠟燭廠商及工人有利，這是看得到的。

但是，難以被發現的是，人們使用陽光，不需要這麼多蠟燭工人，這些工人也可以做別的工作。只是具體的別的工作，不容易看到。

其實，消費者本來可以免費使用陽光，如今要花錢買蠟燭，這無疑是用消費者的損失來貼補蠟燭行業。

巴斯夏認為，國家不能補貼高雅藝術。他的理由是，當國家用納稅人的錢去補貼高雅藝術的時候，那些錢就不能用到別的地方去了，一定就有人在別的地方受損了。

市場競爭的基本原則是公平競爭。救助了一家犯錯誤的企業，實際上是在懲罰許多決策正常的企業，其實是破壞了市場規則。

其實，這不是少數人利益、大多數人利益的問題。這裡面包含了一個深刻的市場理論，那就是私人契約。

市場競爭的規則，是自由公平競爭，而不是集體決策，甚至不是民主投票。

比如，透過民主投票，即使多數票贊同救樓市或救某家企業，也是違背經濟規則的。即使救助某一企業或市場，表面上於大多數人有利，但也是不允許的。因為這樣做，短期內損害了那些被忽視的少數人的利益（少數人的利益一樣重

要），長期而言則不利於所有人的利益（社會福利的損失）。

如果自由競爭訴諸民主規則，其實屬於「多數人的暴政」。奧地利學派經濟學家海耶克有一個著名的觀點：民主是保障自由的工具，但不是自由競爭的規則。

那麼，2008年金融危機爆發後，美國聯準會及聯邦財政部救助房利美房地美公司、花旗銀行、美國國際集團等又是怎麼回事？

這種行為也是違背經濟規則的，在美國同樣遭受詬病。

這裡的核心問題是，貨幣是私人契約還是公共契約？

當年，聯準會的出資人是美國各大私人銀行，從出資人的角度來說，它是一家「私人企業」。它成立的目的是為這些出資人（各聯儲銀行，後擴展到投資銀行及大型集團）保底（保住最後底線），承擔「最後貸款人」的角色，在危機時施以援手。所以，聯準會與聯儲銀行之間其實屬於私人契約。

但是，美元又是法定貨幣，具有強制性及國家屬性，屬於美國國民的公共契約。聯準會是一家公共貨幣發行機構，而不是聯儲銀行的私人企業。

這個公共性質，與前面的私人契約產生了矛盾。危機爆發時，聯準會陷入兩難，如果不施以援手，其實是違背了最初成立的契約，也不符合最後貸款人的定位；如果救助聯儲銀行及大型企業，則侵害了公共利益，相當於用公共資源補

該不該救樓市？

貼私人企業。

從根本上講，經濟學家需要反思白芝浩原則，央行作為公共機構，貨幣作為公共契約，為特定利益群體承擔「最後貸款人」的角色，其實是違背市場規則的，即使經濟學家一再將這一施救的過程變得更加嚴謹、「正義」。

貨幣是市場中唯一的公共契約，剩下的都是私人契約。使用貨幣手段、財政手段救市，應該「一視同仁」，不宜有針對性地施救。

政府干涉市場讓一些人得利，定然導致另一些人受損，更是破壞了私人契約、市場競爭規則。

所以，任何打著公共利益旗號的救市政策，都值得斟酌。

筆者認為，不應該過度刺激樓市。過度刺激樓市，會助長樓市泡沫化，加劇經濟的脆弱性和風險。

受疫情衝擊，信貸資金流向樓市的管控在鬆動，降低頭期款比例的空間，這些政策其實是在增加經濟槓桿率。

很多人認為，受疫情衝擊，樓市若持續萎縮，房地產商倒閉，最終會導致經濟衰退，而政府救樓市，不一定讓房價上漲，只是維持市場穩定，初步穩定成長。

這種觀點是太過單純的。刺激樓市會導致負債率上升，泡沫風險更大。可將新冠疫情看作一次非典型的壓力測試，在一定程度上能觀察中國國內企業與家庭的資產負債表走到

了哪一步。若過度刺激樓市，房地產將進一步吸收中國家庭的現金流，負債率進一步上升，其實是用一個更大的泡沫覆蓋原來的泡沫，試圖將風險往後推。

所以，於理論於形勢，於規律於問題，不可過度刺激樓市。

03 政府應該如何「救市」？

誠然，筆者並不反對救市，正如上文所言，關鍵在於怎麼救，救市的正確方式是什麼。

一、救市，重在政府讓利

真正的救市，不是救某個產業、某個市場、某家企業，而是重新劃分政府與市場之間的利益狀態。

為什麼這時政府要向市場、國人讓利？

企業及國人繳納大量的稅收供養龐大的公共系統，希望出現戰爭、大蕭條、自然災害時，政府能夠動用公共資源及公共權力維持社會及市場的穩定。

疫情之下，政府需要向市場讓利，修復企業及家庭的資產負債表。比如，政府大幅減稅、降費、降社保費用，甚至短期內免稅、免社保費用。

中國有大量的國營企業、國有資產，這些規模龐大的

國營企業和國有資產肩負的責任包括支撐政府及公共系統運作。

2019年,按全指標統計,中國的總體稅負為35.2%,高於美國的26.3%(澤平宏觀)。[01] 所謂全指標,除公共財政收入外,還包括政府性基金收入、國有資本經營收入。政府性基金收入主要是土地價金,國有資本經營收入主要是中央企業及國營企業的營收。

因為存在政府性基金收入、國有資本經營收入這兩部分,企業及國人繳納的稅費則應該大幅下降。只有這樣才能降低中國的總體稅負,讓利於民。

早在300多年前,古典主義先驅威廉・配第(William Petty)就在其著名的《賦稅論》(*A Treatise of Taxes and Contribution*)中闡述了這一方法。

威廉・配第在談到如何才能更好地徵稅時,提出了另一種辦法:

從英格蘭和威爾士的全部土地中劃出約1/6的土地,大約400萬英畝,作為國王的領地。國王收取地租,約為200萬英鎊,作為稅收以支持公共開支。

威廉・配第認為,國有地租等同於稅收,那麼民眾就可

---

[01] 任澤平,羅志恆,孫婉瑩. 中美稅制及稅負比較 [EB/OL]. (2020-02-20) [2023-04-06]. https://mp.weixin.qq.com/s/FV71eiJz7pi0oMV2-duuUw

以免稅，或減少納稅。他說，這種方法比較適合新的國家，比如愛爾蘭。如果愛爾蘭實施這種辦法，那麼任何在愛爾蘭購買土地的人就都不必再繳納原本英國人所繳納的稅收。

威廉·配第說：「如果一個國家平時就把地租的一部分以徵收土地稅的形式留給國家，而不需要對國民徵收臨時的或突然的稅收，那麼，這個國家一定是一個幸福安康的國家。」[02] 有人會說，政府負債率也在上升，疫情之下政府收入下降，財政沒錢怎麼辦？

重整、優化中央企業及國營企業資產不失為一個可行方法。根據中國財政部與國務院國資委制定的管理辦法，中央企業紅利的上繳比例為10%；鋼鐵、運輸等一般競爭性企業的上繳比例為5%。若中央企業營收上繳比例能有所提升，同時撥入國有資產貼補社保帳戶，那麼政府財政則更加充裕，更能切實可行地降低企業及個人的稅額、社保費用負擔。

藏富於民才是對抗經濟危機及不確定性災害的良策。

二、救市，重在公共財

政府需要盡可能地將更多的錢回歸市場，讓市場去支配錢，才能創造更多的財富。

---

[02] 威廉·配第. 政治算術 [M]. 陳東野, 譯. 北京：商務印書館, 2014.

該不該救樓市？

那麼，政府手上的錢，該怎麼用呢？

是應該發放給高級人才作為住宅補貼，還是投入到國宅建設上？應該給新能源汽車百億元補貼、給房地產商補貼，還是應該給創業型企業、低收入者免稅？

救災與救市是兩回事，干涉市場與建設公共財也是兩回事，救災和提供公共財是政府的主要責任。公共財政，應該用在公共財上，而非市場補貼上。

完善的公共財，有助於我們抵禦災害及風險。這次疫情一個重大的教訓是，公共衛生系統建設不足、效率低下。

鍾南山院士在2020年2月27日廣州市疫情防控保障新聞通氣會上次答記者提問時表示，中國疾控中心只是技術部門，位階太低，沒有行政權。他還說，SARS之後，很多研究就不做了，所以這次對於突發疾病，治療上感到束手無策。

目前，中國有些領域的公共財投入巨大但效果有限，有些領域的投入不足，比如基礎教育。

政府建設公共財的經濟學邏輯是降低市場的交易費用。完善的公共財及高效能的公共服務能最大限度地降低市場交易費用，提升企業的科技水準，提高國人的收入水準，從而更好地抵禦不確定性的衝擊。

027

樓市迷局：困境與挑戰

三、救市，重在改革開放

政府讓利和公共財建設的錢，應該來自財政系統，而非銀行等金融系統。如果來自金融系統，容易增加債務風險和金融風險，降低施政效率，排擠私人投資。

而真正的救市是深化改革、擴大開放。貨幣系統的問題，不是數量問題，而是結構問題。

貨幣系統缺乏獨立性，中國央行服務總體經濟目標，政府刺激經濟便找銀行。這樣，貨幣管控不住，源源不斷的資金流入房地產投資，而私人企業融資成本很高。

歐洲央行、澳洲央行、加拿大央行、日本央行均實行單一目標制，即以控制通膨率、實現貨幣價格穩定為貨幣政策目標。聯準會有三個目標：通膨率、就業率及金融穩定。

目標明確，貨幣政策執行變得公開、透明且有效。通膨時，緊縮貨幣；通縮時，擴張貨幣。

理論上，貨幣政策目標只能服務貨幣價格穩定本身，不能服務任何總體經濟目標（歐根貨幣目標優先理論）。通膨率作為單一制目標，其實是抓住了貨幣的本質。

因此，中國央行需要確定其政策目標：什麼情況下擴張貨幣，什麼情況下緊縮貨幣，標準是什麼。貨幣作為公共契約，貨幣政策作為公共政策，任何為了非公共利益的「傾斜」，都可能帶來巨大的利益「輸送」，導致貧富差距擴大。

貨幣政策目標只服務貨幣價格穩定本身（如通膨率），而不服務政府、企業或任何組織的利益，其實就是最大限度地保持央行系統的獨立性。

商業銀行與地方政府應逐漸獨立。

商業銀行的信貸存在一定的體制傾向，以及受行政命令的干擾。

解決這個問題的最好辦法是，打破行政壟斷，導入競爭機制。商業銀行也好，地方國營事業也罷，都面臨市場競爭，自然向效益看齊。

另外，要逐漸降低利率，進而實現利率市場化。

2008年金融危機後，全球主要國家央行都收緊權力，開發各種結構性工具（如專項貸款、定向降準降息），直接配置貨幣。其實，貨幣的調配，還得交給信貸市場，由市場價格（利率）來決定。

中國需要進一步推動利率市場化，利率由市場定價，才能更好地控制貨幣發行量和配置貨幣資源。

只有抓緊了「錢袋子」，財政過「窮日子」，政府才能告別土地依賴和信貸依賴，進而想辦法推動改革，想辦法弄好經濟，提高稅收收入，提高國營企業經營效率。

這才是深層次的「救市」。

樓市迷局：困境與挑戰

恆大債務危機分析

2021年上半年，恆大在中國各地拋售房子，導致公司信用崩潰，資產價格暴跌，陷入債務螺旋。

恆大為何陷入債務螺旋？是否會引發系統性風險？中國房地產行業出現了什麼問題？

本部分分析恆大債務問題的原因、性質以及房地產行業繁榮背後的問題。

01 償付性風險和流動性風險

恆大債務風險的性質是什麼？

市場傾向於將其定義為償付性風險，即經營不當引發的市場風險，主要表現為資不抵債。

從結果來看，恆大已經出現了大規模違約債，銀行、供應商、理財投資人、購屋者等債權人均無法充分兌付。經過近一年的債務處理，恆大的債務累積在供應商方面，截至2021年，對供應商的債務規模達9,000多億元。由於拖欠供應商帳款導致大規模停工，經營性收入殆盡。恆大2021年6月、7月及8月的物業合約銷售金額分別為716.3億元、437.8億元、380.8億元，呈加速下滑曲線。如果沒有額外

的流動性輸入，經營性收入驟降，恆大的償付危機會更加嚴重，引發全國各地專案的房屋交付危機。

從原因上看，恆大的償付性危機源自其高周轉與多元化擴張的失控。

流動性氾濫容易引發市場價格扭曲，企業家錯誤地以名義價格（以貨幣計算的價格）替代實際價格（以對商品和勞務的購買力計算的價格），進而擴張產能，引發生產結構扭曲。2008年金融危機後，企業家傾向於將資本配置在流動性強的金融產品（金融項目）上，而不是遠期投資上。

近年來，恆大向地產之外的汽車、消費品、新媒體、醫療、文化、體育、百貨等產業擴張。但是，除了主業外的所有產業幾乎都是虧損的。實際上，恆大的產業擴張策略更接近投資金融項目，從而為恆大快速融資。

例如，2014年11月恆大地產以9.5億港元收購楊受成旗下的新傳媒74.99%的股份。恆大這麼做的目的是借殼上市。在交易之前，楊受成的英皇國際收購了新傳媒旗下的核心物業。恆大收購的新傳媒其實是一家「空殼」公司。收購完成後，恆大宣布將新傳媒更名為恆大健康，進軍醫療整形行業，將此前收購的韓國原辰整形外科醫院整合進恆大健康。受此消息的刺激，恆大健康的股價從0.047港元／股上漲至2015年11月21日收盤的2.37港元／股。若按此計價，恆大

樓市迷局：困境與挑戰

原始投資9.5億港元在一年時間翻了50倍。

這還沒結束。2020年7月，恆大健康宣布更名為恆大汽車，健康業務變為新能源汽車。香港、內地眾多企業家投資恆大汽車，恆大汽車的股價從6月5日的6.35港元／股迅速暴漲到2021年2月18日的69港元／股，短短半年翻了10倍。同時，恆大汽車的市值甚至超過了其母公司恆大地產。

因此，恆大的多元化擴張業務更像一種以融資為目的的金融項目，給恆大提供了源源不斷的現金流（以套現或股權質押的方式變現）。從表面上看，恆大的多元化擴張是經營性問題，誘發償付性危機，實際上是流動性危機——透過多元化投資金融項目來融資。

這種融資方式的終結或許是從與深深房重組失敗開始的。這事得從「萬寶之爭」說起，恆大乘機以362億元買入萬科股票，成為萬科第三大股東。後來，恆大以292億元將萬科股票轉讓給深圳地鐵，表面上虧了70億元，但是恆大獲得了深圳國資房地產商深深房的「殼資源」。恆大試圖借深深房的殼在A股上市，此後深深房進入漫長的停牌重組期。

恆大經過三輪增資引入了中信、深業、蘇寧、中融、山東高速等策略投資者，合計融資資金規模達1,300億元。恆大與策略投資者簽署了對賭協議，如果未能如期重組上市，需要原價回購股權。

恆大債務危機分析

但是，2020年11月，恆大宣布深深房重組失敗，上市計畫告吹。接下來，恆大與策略投資者協商，1,300億元中有863億元策略投資不要求回購繼續持有恆大地產股權，其中包括蘇寧投資的200億元。這筆投資失敗導致蘇寧現金流斷裂，或許是壓垮蘇寧的最後一根稻草。

為什麼重組失敗？

這或許與房地產政策有關。2020年8月，中國央行、住建部釋出了房地產商融資的「三道紅線」政策：扣除預收款後的資產負債率大於70%；淨負債率大於100%；現金短債比小於1.0。踩中「三道紅線」的房地產商，不得新增有息負債；每降低一檔，有息負債規模增速上限增加5%；沒踩紅線的房地產商，有息負債年增幅不得超過15%。這項政策相當於限制了房地產商的流動性，而當時恆大踩了這「三道紅線」，無法新增有息負債。接著，中國央行和銀保監會發表政策，對各類銀行的房地產貸款比例設限。比如，六大國有銀行的房地產貸款餘額占比和個人住宅貸款餘額占比上限分別為40%和32.5%。可見，「三道紅線」和銀行五檔限貸政策相當於控制了房地產的現金流。

這時，踩中「三道紅線」、短期負債規模大、融資成本高的房地產商容易遭受流動性危機。而恆大正屬於這類企業，更雪上加霜的是，流動性限制對恆大的金融項目融資造成了

樓市迷局：困境與挑戰

很大的衝擊。資本市場規避政策風險，恆大、萬達、富力等房地產商 A 股上市夢碎。恆大重組深深房失敗，象徵著金融項目的融資方式失靈，這加劇了恆大的現金流危機。這時恆大汽車的股價正一路高歌，但已是帝國的黃昏。

接下來，恆大不得已只能依靠出售資產來回流現金，整體性出售資產失敗，選擇在全國各地打折賣房。這一轟轟烈烈的賣房運動引發了債務螺旋，公司信用崩潰，資產價格崩盤。恆大地產的股價從 2020 年 7 月 6 日的 28 港元／股下跌到 2021 年 10 月每股不到 3 港元；恆大汽車從 69 港元／股的高位跌到 2021 年 10 月每股不到 5 港元。資產價格崩跌，股票市值縮水，金融融資枯竭，實際資產負債率反而增加，陷入越去槓桿，槓桿率越高的債務螺旋，這對於恆大來說是致命的。

所以，恆大償付性風險背後其實是流動性風險。

房地產是一個高槓桿、高負債行業，經營核心是流動性。中國大型房地產商的扣除預收帳款後的資產負債率普遍在 70% 左右，如保利 66.24%、萬科 69.7%、融創 76%、碧桂園 77%、恆大 81%。再看債務規模，恆大 1.95 兆元、碧桂園 1.76 兆元、萬科 1.52 兆元、綠地 1.24 兆元。可以看出，任何一家大型房地產商突然失去了流動性都會陷入債務困境。當年王健林遭遇流動性危機，其果斷整體性出售資產得

恆大債務危機分析

以自救。如果資產出售引發信用崩潰，引發債務螺旋，則會爆發償付性風險。但是，根源是流動性風險。

其實，恆大長期面臨流動性風險的威脅，具體呈現為融資成本高、短期負債比例大。恆大的融資成本在10%左右──高息是風險徵兆，而保利、華潤置地不到5%。恆大的現金短債比只有0.67，而保利達1.93，華潤置地達2.27，碧桂園達2.10，萬科達1.67。恆大借入大規模的高息短期貸款，以及不斷啟用金融項目融資，以推動資金高周轉。一旦流動性危機爆發，高息短期貸款逼上門，金融項目陷入債務螺旋，就沒有太大的喘息空間。

02 個體性風險和系統性風險

恆大債務危機是否會引發系統性風險？

系統性風險包括房地產風險和銀行風險。我們先看銀行風險，恆大的銀行借款涉及100多家銀行，借款規模為2,000多億元，其中在民生銀行和農業銀行的借款均超過200億元。如果恆大破產，貸款違約，那麼銀行系統要吃下這2,000多億元的不良貸款。僅就這一規模而言，不足以引發銀行業的系統性風險。

但是，我們不能只考慮恆大一家房地產企業，而是要考慮整個房地產市場。房地產業的風險，一看大型房地產的債

樓市迷局：困境與挑戰

務風險，二看房地產價格。

恆大債務危機是流動性危機，是由房地產業的流動性不足引發的。同樣陷入流動性困境的大型房地產商，還有踩中「三道紅線」的富力、華夏幸福、藍光、泰禾，以及踩中「兩道紅線」的綠地、首開和華發。其中一些已出現債務違約，華夏幸福正在重組，富力的現金短債比只有 0.55。

除了以上 8 家上市房地產商（包括恆大），多數上市房地產商都有一定的融資能力。其中，23 家沒有踩線，有息負債年增幅最多為 15%；18 家踩中「一道紅線」，有息負債年增幅最多為 10%。需要關注的指標是現金短債比，中海、華潤置地、保利、世茂、龍湖、越秀、龍光、建發、旭輝、正榮、碧桂園、建業在 2 及以上水準。所以，「三道紅線」對上市房地產商的流動性威脅應該不足以引發房地產系統性風險。

接下來，要看全國房地產的市場價格風險。恆大及一些大型房地產商陷入債務危機，是否會引發全國房地產價格下跌？

2021 年上半年，恆大打折拋售各地房地產，對一些城市主要是三四線城市的價格造成了衝擊。不過，個別大型房地產商的債務問題或許不是影響未來一兩年房地產價格走向的決定性因素（可能是引發因素）。在短期內，房地產的價格走

向取決於信貸政策和調控政策。

針對房地產企業的「三道紅線」和「五檔信貸」政策實施後，房地產業的流動性下降，資產泡沫回落。2022年，房地產投資、銷售與新開工面積均出現下滑。中國國家統計局數據顯示，2022年1～8月，全國房地產開發投資90,809億元，同比下降7.4%；商品房銷售面積87,890萬平方公尺，同比下降23.0%；房屋新開工面積85,062萬平方公尺，同比下降37.2%。

在這種狀況下，三四線城市的房價下降的壓力會增加。三四線城市的房地產市場因偏向於居住需求，投資需求偏弱。而居住需求依靠家庭收入支撐，三四線城市的家庭收入提升相對緩慢。一線城市，主要是22個集中提供建地的重點城市，房價波動可能趨於穩中偏弱。房地產調控的主基調還是穩房價、穩地價、穩預期，防範系統性金融風險。在具體政策上，實施集中管控，2021年對22個重點城市實施集中提供建地政策。集中提供建地意味著集中供給，未來幾年新增的新成屋由少部分大型房地產企業建造。

截至2021年6月29日，全中國22個重點城市首輪集中提供建地近9萬畝成交，超過1兆元。哪些房地產企業在「攻城略地」？排在第一位的是融創，成交金額接近700億元；之後依次是保利565億元、招商蛇口521億元、華潤置地468

樓市迷局：困境與挑戰

億元、萬科 378 億元、金地 314 億元、綠城 293 億元、越秀 276 億元、建發 272 億元、龍湖 269 億元、中海 239 億元。前 20 都不見恆大，碧桂園「屈居」第 14 位。

全中國 22 個重點城市首輪集中提供建地呈現兩個明顯的特點：一是土地供給集中度提高，排在前 10 的房地產商成交總和接近 40%，相當於掌控了全中國 22 個重點大城市的主要土地及新屋供應；二是國營企業占比高，前 10 大競標者中除了融創和龍湖，其他 8 家均為國營企業。

集中提供建地大幅提高了土地拍賣的資金門檻，資金實力不足的中小型房地產商被淘汰，而恆大、富力、碧桂園等大型民間公司受到「三道紅線」政策的融資限制，沒有充裕的資金或不敢加槓桿大規模取得建地。再看 49 家上市房地產商的「三道紅線」狀況（截至 2021 年 8 月），表現最好的前 4 家均為中央企業，在未踩中「三道紅線」的 23 家綠檔（優質）房地產商中，有 11 家是國營企業；而「三道紅線」均踩中的 4 家企業均為民營公司；剩下踩中一道、兩道紅線的 22 家企業中，只有 4 家是國營企業。換言之，在「三道紅線」政策中，國營企業的融資條件要好於大型民營房地產公司。

由此可見，2020 年實施的「三道紅線」、銀行五檔限貸和 2021 年實施的 22 個重點城市集中提供建地政策，對於房地產市場來說無疑是一次大洗牌。

恆大債務危機分析

2021年以來，房地產業加速分化，恆大、華夏幸福、泰禾等民間公司頻頻債務違約、危機重重；而保利、華潤置地、招商蛇口等國營企業逆勢飛揚。

2021年上半年，46%的房地產商取得建地銷售比[03]在20%以下；35%的房地產商取得建地銷售比位於20%～40%；取得建地銷售比超過40%的多數為國營企業，其中建發71%、越秀90%、保利99%。保利新增全口徑（指標）土地儲備位列行業第二，新增權益土儲與新增貨值則分別位列行業第三和第二。而且，保利多在珠三角、長三角、京津冀以及22個重點城市拓展土地。保利地產高層對外宣稱，2021年保利發展計畫中房地產及相關產業直接投資總額3,950億元——相較於2020年的投資預算成長17.9%。

所以，當前恆大及個別房地產的債務危機，並不是一場全房地產行業的危機，也不太可能引發系統性金融風險；它更接近房地產業暴風驟雨般的一次大洗牌。洗牌的大趨勢正是政府 - 中央企業 - 重點大城市房價與風險集中管控。房地產管控走向一條以防控金融風險為上限（主）、地方債務風險為下限（輔）的窄路——穩房價、穩地價、穩預期，不發生系統性風險。因此，「變中求穩」應該是當前房地產行業的基本面。

---

[03] 也稱購地銷售比，指房企購買土地支出的金額和合約銷售金額的比例。

當然,這並不是說房地產是絕對安全的,畢竟全球整體經濟的不確定性愈加顯著。中國房地產市場與商業銀行風險、地方政府債務以及總體經濟穩定高度關聯。可以說,房地產市場的安全係數取決於總體經濟的穩定係數。

03 明斯基時刻和沃克時刻

是否該拯救恆大?

不救,如何規避系統性風險?拯救,如何規避道德風險?

這容易讓人聯想到 2008 年的雷曼危機。當時,美國聯邦政府和聯準會前救貝爾斯登和房地美、房利美(「兩房」),後救美國國際集團、花旗銀行等一干企業,唯獨坐視雷曼破產。為什麼?當時,財政部長鮑爾森和聯準會主席柏南奇在救助貝爾斯登、「兩房」上引發了民眾的不滿。他們擔心,拯救走投無路的雷曼會引發道德風險,但也不願意看到雷曼破產引發金融風險。於是,兩位官員試圖逼迫華爾街救助雷曼。當美國銀行、英國巴克萊銀行退出救助時,雷曼破產已成定局,同時還引發了金融海嘯。

僅從目前來看,恆大不是雷曼。雷曼破產引發金融危機的前提是次貸危機,即大規模的房屋抵押貸款違約已是一觸即發。雷曼持有大量房屋抵押支持證券,隨著房價猛跌,這一證券的崩潰擊潰了美國金融大廈的基石。如今,中國房地

恆大債務危機分析

產市場尚未出現房屋貸款的違約,主要風險為房地產商的流動性危機。預計,恆大危機不會構成雷曼時刻或明斯基時刻。

還有一種說法是,不拯救恆大向市場釋放一種訊號:放棄「大而不倒」的幻想。1997年亞洲金融危機時,日本政府任由日本四大證券公司之一的山一證券和日本大型銀行之一的北海道託殖銀行破產。這兩家大型金融機構的破產,終結了日本「護送船團方式」。

所謂「護送船團方式」,就是不允許有發展過快或者破產的金融機構,即「大而不倒」。1998年,日本成立了金融監管廳,加強了金融監管,約束財閥勢力對金融機構的「綁架」。

房地產業存在一定的「大而不能倒」的道德風險。這波房地產分化源自2015年。從2015年開始,在棚改貨幣化的刺激下,全國房地產市場迎來了一波上漲潮。這時,房地產界出現了進退的分歧。以萬科為代表的房地產商選擇主動降溫,而恆大、碧桂園則越戰越勇。一些中大型開發商試圖衝進30強,以在銀行融資市場中建立穩定的地位。這種道德風險確實對經濟構成了威脅。

從房地產業大洗牌的角度來看,拯救恆大並不是必選項,不排除釋放道德風險的可能性。商業銀行有資金容量自行化解恆大帶來的風險缺口,各地方政府確保恆大房屋交付。

樓市迷局：困境與挑戰

野村證券中國區首席經濟學家陸挺在一份報告中，將這一事件提升到國家經濟決策的高度。他認為，事實可能會證明整頓房地產行業是「中國的沃克時刻」。[04] 所謂「沃克時刻」，指的是在 1979 年保羅·沃克（Paul Volcker）擔任聯準會主席後實施高度緊縮的貨幣政策，犧牲了短期經濟成長和就業率，但成功地控制了通膨，為 1980 年代經濟長期穩定成長打下了基礎。

如今，很多人意識到，高房價正在抑制生育率、消費率的提升。而和陸挺持有相似觀點的人認為，政府整頓房地產、平抑房價、果斷去泡沫，不惜犧牲短期經濟成長，目的是釋放內需，提升生育率，促進經濟長期穩定成長。

當前，政府試圖提升生育率和消費率，同時抑制房地產泡沫。

不過，主動刺破房地產泡沫，與穩房價、穩地價、穩預期的調控政策不相符合。去除房地產泡沫是必要的，關鍵是採取什麼方式。如果措施不當，可能會適得其反。而且要注意房地產泡沫破滅不代表就會迎來經濟的長期成長。

實際上，不管是沃克當年控制通膨，還是日本終結「護送船團方式」，促進經濟恢復的方式均來自「破後再立」，關鍵在立 —— 美國雷根改革破除了干涉政策，沃克以高度緊縮

---

[04] 于海榮. 野村陸挺：此輪房地產調控不會輕易退出 [EB/OL].（2021-09-02）[2023-04-06］．https://economy.caixin.com/2021-09-02/101767392.html.

的貨幣政策重新建立了美元的信用；日本政府推行了二戰以來最徹底的金融改革及司法改革，實施浮動匯率，開放金融市場，同時大力發展科學技術。

「沃克時刻」意味著從制度上改變當前的經濟成長邏輯，是一種艱難的社會經濟轉型。就當前來說，恆大危機也不構成中國的「沃克時刻」。

若結合系統性的經濟政策去理解房地產，則需要辨識當前房地產問題的實質。從本質上說，中國房地產問題是當前經濟成長邏輯中的輸入性通膨問題。

如何化解輸入性通膨？將原來的管道變成自由流通的海洋。近年來不斷推動且加快人民幣國際化過程也是為此。

● 樓市迷局：困境與挑戰

樓市政策：解局與啟示

2022年以來，房地產行業疲弱壓力持續加大，對於樓市刺激政策發表的呼籲聲此起彼落。

2022年《關於做好當前金融支持房地產市場平穩健康發展工作的通知》發表，2023年降低未還清房貸利率、一線城市開啟「認房不認貸」。本部分結合房地產適時救市政策討論房地產的困境與出路。

樓市政策：解局與啟示

房地產「轉折點」來了嗎？

2022 年 11 月 11 日，中國人民銀行、銀保監會釋出《關於做好當前金融支持房地產市場平穩健康發展工作的通知》（以下簡稱「十六條」）。資訊量大，亮點突出，包括「對國有、民營等各類房地產企業一視同仁」、「穩定房地產開發貸款投放」。

業界認為，「十六條」是近兩年來最全面、針對性最強以及對房地產商救助措施最多的房地產政策，代表著政策大轉向，從融資限制轉向融資支持，從救專案更新為救房地產商，可能助房地產市場「軟著陸」。

房地產政策見底了嗎？房地產「轉折點」來了嗎？

本部分從「十六條」出發，分析樓市政策和市場前景。

01 讀「十六條」

近 3 年，房地產市場受新冠疫情、大環境和流動性限制三重衝擊，融資、投資和銷售全面大幅下滑，大型房地產企業債務爆雷、爛尾樓事件頻發導致市場信用迅速惡化，供給和需求兩端「負回饋」，陷入債務 - 通縮螺旋。

2022 年，供給端保持「三道紅線」、「五檔信貸」以及信貸行政指令的強力約束，限制房地產企業信貸、發行公司債等融資，但需求端政策迅速切換，地方從限制性政策紛紛轉向解除限購等鬆綁政策，以及降低個人房屋借貸貸款利率、提供退休金頭期款貸款等刺激性政策。

與 2022 年主流的「供給端約束、需求端刺激」政策的一個重大不同是，「十六條」開啟了供給端約束的通路，推出了多項措施直接施救房地產商，光融資措施就有六條，可謂房地產商的「特效藥」。

以下從三個角度來分析「十六條」。

一、多措施促進房地產企業融資

「支持個人房屋貸款合理需求」，試圖從需求端促進房地產企業融資。個人房屋貸款是房地產企業四大融資管道之一，2022 年前三個季度政策在該管道已推動，不過效果不明顯。

「穩定建築企業信貸投放」，對建設公司很關鍵，但算不上新規。房地產企業信貸因融資受限而大幅下滑，建設公司同樣受到衝擊。2022 年上半年已經發表了穩定建設公司信貸的政策，但效果有限。如果房地產商債務爆雷，建設公司以及整條供應鏈「唇亡齒寒」。

「保持債券融資基本穩定」，是房地產企業融資的「第二支箭」。

近3年，房地產商債券融資受到嚴格限制，融資規模大幅下降，同時一系列美元債違約風險顯現。從2022年10月開始，房地產商債券融資開始改善。同年10月社會融資規模數據顯示，企業債券淨融資2,325億元，同比成長64億元。隨後，2,500億元「第二支箭」出場。部分房地產商獲得大額債券融資同意，其中龍湖集團200億元、新城150億元，而此前3個月6家民營房地產商發債總規模僅為68億元。債券融資擴張，是當前急待輸血的房地產商的「救急」措施。

「保持信託等資管產品融資穩定」，是融資管道之一。自2019年信託融資緊縮後，房地產商信託融資驟降。該政策帶來的信託融資成長估計有限，但表示政策在鬆動。

二、對陷入債務困境的房地產商「救急」

「支持開發貸款、信託貸款等存量融資合理展期」，對於已陷入債務困境的房地產商來說是救命稻草。該政策支持在原貸款展期期限的基礎上額外多展期一年。同時，很關鍵的一點是，展期後不降風險等級，不會因此影響企業徵信。根據銀保監會的貸款分項分類指引，貸款展期屬於貸款重組，展期後需下調風險等級，但該措施給予特例。

這實際上是在銀行預期可承擔風險範圍內給房地產商補充流動性,避免立即陷入「債務違約 - 信用降級 - 減貸抽貸 - 債務違約」的債務 - 通縮螺旋,同時也試圖抑制銀行放款不良率的攀升,緩解外溢性風險。

信託貸款展期在實作中難度可能偏大,政策指引有限,以市場自發協商為主,債權人對展期的容忍度偏低。

「支持開發性政策性銀行提供『保交樓』專項借款」,是央行針對「保交樓」(確保建案如期如質完成交屋)推出的專案措施。2022 年 9 月,中國央行時隔兩年再次重啟新增抵押補充貸款(PSL),淨新增 1,082 億元;10 月,PSL 繼續擴張,淨新增規模上升至 1,543 億元,而且利率也下調了 40 個基點至 2.40%。

PSL 主要用於支持政策性銀行 2,000 億元「保交樓」專案借款。

實務操作是,按照專款專用、「一樓一策」的原則,地方融資平臺向政策性銀行申請貸款,負責「保交樓」任務和還款;同時,政府承擔統借統還責任,將借款資金納入地方政府債務。如果地方融資平臺無力償還,則從對當地政府的轉移支付中予以扣還。

中國國家統計局數據顯示,2022 年 10 月房地產市場全

樓市政策：解局與啟示

面下滑，但房屋竣工案件逆勢上揚，高於前3個月，較9月增加了1,668萬平方公尺。這或許與該政策有關。預計，PSL及其支持的「保交樓」專案借款將繼續給專案「輸血」，降低爛尾風險。

「鼓勵金融機構提供配套融資支持」，接續前項措施。鼓勵商業銀行尤其是「專案個人房屋貸款的主融資商業銀行」，為獲得「保交樓」專案借款的專案提供配套融資。為了消除銀行的疑慮，政策特別明確了一項有條件免責條款，即「對於新發放的配套融資形成不良的，相關機構和人員已盡職的，可予免責」[05]。

另外，為了增加房地產商的流動性，中國銀保監會、住建部和央行還釋出通知，允許商業銀行與優質房地產企業開展保函置換預售監管資金業務。該政策支持房地產商透過置換的方式，以不超過30%的預售監管資金用於專案建設。

「鼓勵依法自主協商延期還本付息」和「切實保護延期貸款的個人徵信權益」，均支持因疫情原因而導致的延期還款，對個人徵信予以一定的保護，但沒有明確豁免。

---

[05] 中國銀行保險監督管理委員會關於做好當前金融支持房地產市場平穩健康發展工作的通知 [EB/OL]．（2022-11-23）[2023-04-06]．http://www.pbc.gov.cn/goutongjiaoliu/113456/113469/4720023/index.html．

三、支持房地產專案併購

「做好房地產專案併購金融支持」,「階段性優化房地產專案併購融資政策」,試圖推動深陷債務泥淖的房地產商債務重整和市場出清。

在債務危機早期,房地產商自救的方式之一就是果斷地整體性出售優質資產,以迅速回流資金,避免陷入債務爆雷-資產價格大跌-抵押物縮水-減貸抽貸的惡性循環。但是,爆發危機的房地產商,其專案資產可能早已抵押,而且債權關係複雜,併購難度很大。稍微優質的大型房地產商均在尋求自保,政策鼓勵金融資管公司、地方資管公司參與併購。

另外,文件還提到「鼓勵商業銀行穩妥有序開展房地產專案併購貸款業務」,屬於新措施,但細節還有待商榷。

02 十月圍城

「十六條」從供給端把房地產商頭上的融資「緊箍咒」予以全面的鬆動,涵蓋除股市外的大部分融資方式,即政策性銀行專案借貸、商業銀行信貸、債券融資、信託融資、置換預售資金、資產併購,擴大增量的同時還對存量予以展期和降級豁免,罕見地設定了免責條款。

市場寒冬突來春風,業界不知悲喜。

樓市政策：解局與啟示

為何「空降」「十六條」？房地產政策觸底了嗎？

我們可以從 2022 年 10 月的房地產數據入手理解「十六條」。

所謂「金九銀十」，9 月、10 月是房地產市場的旺季。但是，2022 年 10 月房地產市場投資、融資和銷售全面下滑，僅次於或低於受疫情困擾的 4 月的水準，需求端和供給端均惡化。

投資方面：10 月投資規模低於 4 月。

中國國家統計局釋出的數據顯示，2022 年 1～10 月，全中國房地產開發投資 113,945 億元，同比下降 8.8%（降幅比 1～9 月增加了 0.8 個百分點），其中，住宅投資 86,520 億元，同比下降 8.3%。

單月來看，10 月開發投資規模為 10,386 億元，較 9 月下滑了 2,364 億元，創 2022 年 3 月以來最低，甚至低於受疫情困擾的 4 月。

與 2021 年同期相比，10 月開發投資規模下滑了 1,980 億元。

房屋施工、新開工面積也弱於 9 月。10 月施工面積、新開工面積比 9 月分別減少了 295 萬平方公尺、750 萬平方公尺。不過，受 2,000 億元「保交樓」專案借款刺激，10 月房屋

竣工面積為 5,686 萬平方公尺，高於前 3 個月，較 9 月增加了 1,668 萬平方公尺。

銷售方面：10 月銷售額與前期相比下降 30%。

1～10 月，商品房銷售面積同比下降 22.3%；商品房銷售額下降 26.1%。單月來看，10 月商品房銷售額為 9,452 億元，較 9 月減少 30%（4,000 億元左右），僅次於同年 4 月的水準。與 2021 年同期相比，商品房（國民住宅）銷售額也下降 23%。

銷售面積情況類似，2022 年 10 月銷售面積 9,757 萬平方公尺，與 8 月相當，較 9 月下降 3,775 萬平方公尺，遠低於往年旺季的水準。與 2021 年同期相比，10 月銷售面積也減少了 23%。

透過銷售額比銷售面積，可以得出平均粗房價。核算結果顯示，10 月平均粗房價為 9,687 元／平方公尺，較 9 月下降了 300 元／平方公尺左右，低於 2021 年同期的 9,749 元／平方公尺。「金九銀十」不僅沒有提振市場需求，平均粗房價較 7 月的 10,471 元／平方公尺、8 月的 10,407 元／平方公尺明顯下滑。

數據顯示，2022 年 10 月，中國 70 個大中城市，新成屋和中古屋價格與前期相比，下降城市分別有 58 個和 62 個，

比9月分別增加4個和1個；同比下降城市分別有51個和64個，比9月均增加1個。

融資方面：10月四大融資再度大幅下降。

1～10月，房地產開發企業到位資金125,480億元，同比下降24.7%，降幅較1～9月增加了0.2個百分點。其中，國內貸款14,786億元，下降26.6%；自募資金44,856億元，下降14.8%；定金及預收款41,041億元，下降33.8%；個人借貸貸款20,150億元，下降24.5%。

單月來看，10月房地產開發企業到位資金11,182億元，比9月減少2,299億元，僅僅高於4月。與2021年同期相比，開發企業到位資金減少了3,929億元。

其中，四大融資管道單月環比（與前期相比）、同比（與去年同期相比）均大幅下降。

環比來看，定金及預收款下滑幅度最大，減少了20%；其次是同樣能反映需求端的個人借貸貸款，減少了18.6%。此外，國內貸款環比下滑了18.5%，自募資金環比下滑了10.6%。

同比來看，定金及預收款下滑了30.9%，個人借貸貸款下滑了31.3%；國內貸款下滑了18.3%，自募資金下滑了20.6%。

財政方面：土地價金收入持續下降。

2022年1～10月，國有土地使用權出讓收入44,027億元，比2021年同期下降25.9%。單月來看，10月土地價金收入5,520億元，比9月多717億元，少於2021年同期217億元。10月土地銷售還是優於預期，可能是城市建設投資公司「搶跑」的結果。9月底財政部發文禁止透過國營企業購地等方式虛增土地價金收入，地方可能在政策完全實施之前盡量賣地。

2022年，房地產市場全面大幅下滑，主要數據同比降幅達20%以上。10月房地產投資、融資、銷售在9月的基礎上大幅下降，僅次於或低於同年4月的水準。

原本「供給端約束、需求端刺激」的政策組合推動房地產往供給收縮、需求回暖、價格不大幅下降的趨勢演變。2022年三季度銷售降幅縮小，「金九」市場回暖，需求端正在往深度艱難緩慢築底的方向邊際弱改善。但是，10月打破了這一趨勢，市場基本面再度惡化，需求端和供給端陷入負回饋。

同時，10月多項大數據低於預期。社會消費品零售總額同比下降0.5%，較9月回落3個百分點；出口同比下降0.3%，較9月回落6.0個百分點，為2021年以來首次轉負；固定資產投資總額同比成長4.2%，規模較9月減少4,259億

樓市政策：解局與啟示

元；規模以上工業增加值同比實際成長5.0%，較9月回落1.3個百分點。

2022年10月社融增量為9,079億元，比2021年同期少7,097億元，低於市場預期的1.65兆元，大幅低於9月的3.53兆元；人民幣貸款增加6,152億元，低於市場預期的8,242億元；住戶貸款減少180億元，與2021年同期相比減少4,827億元；跟房貸相關的居民中長期貸款增加332億元，同比減少3,889億元。

對於房地產市場來說，這可能是壓垮房地產商的最後一根稻草。如果需求端和供給端再度迅速惡化，房地產商債務違約風險可能外溢到銀行和金融系統。

止跌，為首要目標。

03 無涉價值

「十六條」之後，房地產能否復甦？

房地產市場面臨幾個利空：疫情籠罩之下的總體經濟快速下滑和預期轉弱，房地產市場信用惡化和投資信心下降，家庭收入不足及預期降低，限制性的融資政策和關鍵高壓線，房地產企業債務爆雷和爛尾事件頻發。

有政策因素，也有房地產以及總體經濟的因素；包括供

給端的惡化，也包括需求端的低迷。

樓市政策方面：「十六條」主要是供給端救房地產商，但主要的限制性融資政策和高壓線並未解除。

供給端「十六條」和前三季度需求端一系列刺激性政策，是否意味著房地產政策已見底？

可以理解為總體經濟疲弱大環境下的階段性見底，但不管是供給端還是需求端，依然還有相當大的政策空間。

從供給端來看，「十六條」是近兩年來對房地產市場全方面的融資支持，以及對房地產商最具針對性的施救措施。「三道紅線」、「五檔信貸」和房地產的關鍵高壓線依然沒有解除。

「十六條」還專門提出「延長房地產貸款集中度管理政策過渡期安排」。這是給予此前《房地產貸款集中度管理要求》中「五檔信貸」一定的寬容度，但並未解除限制。

市場關心的是，銀行如何在之前限制性融資政策下增加房地產商信貸投放？

在這種環境下，銀行對發放貸款不完全遵循利率和風險原則，而是服從信貸行政指令。四大銀行均符合「五檔信貸」的要求，給房地產商貸款和個人房屋貸款的空間還很大，但是四大銀行2022年並未增加反而持續減少房地產市場的貸款。這是「三道紅線」、關鍵高壓線和信貸行政指令下的選

擇。如今,想要增加房地產商信貸投放,也只能依靠中國央行和銀保監會對商業銀行、政策性銀行給予信貸指令和任務。這或許是短期內最快的施救方式,但同時也是最不確定的方式。

「十六條」特意增加了免責條款、展期豁免。這兩個條款可以降低央行審批貸款和批准展期的責任,但如何避免風險擴大?

「十六條」還強調「國有民營一視同仁」。假如銀行按照利率和風險原則給房地產商提供貸款,但由於利率不完全市場化、銀行對企業性質有所偏好,企業性質也就成為利率和風險的一大考量。

另外,債券融資、信託融資和股票融資都還保留著重要的限制性政策和紅線。

所以,從供給端來看,「十六條」主要是防止房地產商資產負債表惡化衝擊到銀行系統,原本的「房住不炒」(不炒房)立場不變,限制房地產商進一步加槓桿、融資的高壓線也並未解除。

從需求端來看,2022年前三季度各地刺激性政策充分釋放,包括大規模實施以鼓勵生育、引進人才、支持剛性需求為主的限售限貸鬆綁政策,大幅降低首購房貸利率,降低退

休金貸款利率，提供退休金頭期款貸款，提供購屋補貼和稅費減免。

需求端是否還有空間？就房地產市場本身而言，需求刺激政策空間不大。但是，從貨幣和財政政策的角度來說，需求端政策方向還沒轉入家庭部門。貨幣政策方面，整體利率還是偏高，關鍵是要降低未還清房貸的利率，提升更多的家庭消費力。財政政策方面，將由以基礎建設投資為核心的財政支出方向轉向家庭部門，大力提高家庭社保、教育和住屋補貼。

總體經濟方面：疫情之下總體經濟疲弱，需求不足難以支持市場復甦。

近3年，受新冠疫情影響，總體經濟快速下滑和預期轉弱，家庭收入不足和債務負擔重，低迷的投資和消費需求難以支持市場回暖。

中國房地產，是一個複雜的市場，也是一個充斥利益紛爭的市場。有人盼望房價上漲，有人期望房價下跌，中國到底需要一個什麼樣的房地產市場？

房地產市場也是市場，市場不以個人意志為轉移。房地產該怎麼走，房價該漲還是跌，不應該成為某一種目標。對待市場、對待房地產，應該遵循無關價值的原則。在房地產

走向復甦或再度惡化之前,應該先讓它回歸正常的市場。解除對房地產的「五花大綁」,充分釋放供給和需求,讓房地產市場重回自由價格的軌道,房價漲跌不由你我他說了算。這體現了市場的公平性。

「十六條」中提出「積極探索市場化支持方式」,「在保證債權安全、資金封閉運作的前提下,按照市場化原則滿足房地產專案合理融資需求」。

具體來說,應按照市場化利率和風險原則給房地產商發放貸款,按照責權利自擔的市場原則支持房地產商的債券、信貸和股票融資。讓房地產市場正常出清,價格正常下跌或上漲;讓房地產企業正常死亡,正常重生。

房地產商破產是市場出清的過程,債務重整也是一種市場。「十六條」中提到「鼓勵商業銀行穩妥有序開展房地產專案併購貸款業務」,這是一種金融市場。金融公司透過發行金融債來收購房地產專案和不良資產,促進房地產市場快速出清。

房地產市場正常化,並不等於政府不管不顧,相反,政府需要更有效的作為,尤其是兩大作為:

一是建立公開透明和完善的市場規則,降低不確定性,穩定市場預期。比如,專案和貸款合約收購,可能面臨四證

不齊 [06] 等問題，需要配套措施來處理。

二是財政系統在供給端利用國有土地大規模建設國宅，在需求端為家庭租屋、購屋及教育提供更多補貼。

---

[06] 四證齊全指房地產專案國有土地使用證、建設用地規劃許可證、建設工程規劃許可證、建築工程施工許可證均已取得。

樓市政策：解局與啟示

提前還貸與降未還清房貸利率

2023年上半年，市場掀起了一波「提前還貸潮」。中國人民銀行釋出的2023年二季度金融機構貸款投向統計報告顯示，個人房屋貸款餘額38.6兆元，較2022年末減少了2,000億元。

在經濟復甦的關鍵之年，不貸款擴大投資、消費，反而提前還貸、存錢求穩、壓縮資產負債表。如何理解這種現象？銀行是否應該降低未還清房貸利率，幫助家庭減輕債務、提振消費？

本部分從「提前還貸潮」的現象入手，分析資產負債表衰退現象，以及銀行降低未還清房貸利率的必要性。

01 提前還貸

「提前還貸潮」，從2022年下半年開始掀起，2023年初進入一個小高峰，年中緩慢持續。

央行公布《2022年四季度金融機構貸款投向統計報告》：2022年末，人民幣房地產貸款餘額53.16兆元，同比成長1.5%，比2021年末低6.5個百分點；個人房屋貸款餘額38.8兆元，同比成長1.2%，增速比2021年末低10個百分

提前還貸與降未還清房貸利率

點。[07] 儘管個人房屋貸款餘額同比增速未現負成長，但增速降幅太大，其中有新增貸款不力之因，也有提前還貸之功。

在什麼情況下，你會選擇提前還貸？

原因是多方面的，主要看兩點。

一是減輕付息負擔：新增貸款利率下降，但未還清房貸利率太高。

2022 年，市場利率全面下降，5 年期貸款市場報價利率（LPR）3 次下調，從 2021 年底的 4.65％ 降至 4.30％，下降了 35 個基點。12 月中國發放個人房屋貸款利率平均為 4.26％，同比下降 1.37 個百分點，為 2008 年有統計以來的歷史最低水準。首購屋貸款利率下降速度更快、利率也更低。截至 2023 年 1 月 31 日，貝殼研究院監測的 103 個城市中，首購屋貸款利率低於 4.1％ 的城市共 30 個，部分城市可以做到 3.7％；首購退休金貸款利率甚至下調至 3.1％。

另外，2021 年新發放企業貸款加權平均利率為 4.17％，比 2020 年低 34 個基點。

但是，未還清房貸利率普遍在 5％～6％，遠高於新增房貸利率、新增企業貸款利率，比現在的 5 年期 LPR（4.3％）還高不少。實際上，2020～2021 年，不少購屋者依然站在

---

[07] 2022 年四季度金融機構貸款投向統計報告［R/OL］．（2023-02-03）［2023-04-06］．http://www.pbc.gov.cn/goutongjiaoliu/113456/113469/4784452/index.html.

山峰上，支付著 6% 左右的利息。儘管 2022 年 3 次下調 5 年期 LPR，但是未還清房貸利率並未同時下降，而是在 2023 年 1 月 1 日開始下調。

可能有人會問，2023 年開始未還清房貸利率下降 0.35 個百分點，付息成本更低，為什麼提前還貸並未停止？

我們需要考慮預期差。2022 年下半年，市場對降息的預期已十分迫切。原本未還清貸款者期望四季度再降息，但 LPR 自 2022 年 8 月降息以來已連續 5 個月按兵不動。如今出現預期差，市場大失所望。

2022 年，中國央行釋出通知，新建商品住宅銷售價格環比和同比連續 3 個月均下降的城市，可階段性維持、下調或取消當地首購屋貸款利率政策下限。2023 年一季度就有 38 個城市符合該條件，這些城市的首購屋貸款利率將進一步下降。

如果 2023 年利率下降，未還清房貸利率下調時間就要推遲到 2024 年 1 月 1 日。如此，2023 年的未還清房貸與市場利率之間的利差將進一步擴大。

所以，現實利差、心理落差和預期差促使一些人提前還貸。

從理財的角度來看，新舊貸款利差擴大增強了套利動機，一些貸款人藉助仲介機構的資金還清貸款，一次性清償高息貸款，再以房屋抵押獲得低息貸款，從而節省 1～2 碼

的利息，一定程度上降低了負債率。一些背負高房貸又陷入流動性危機的業主，選擇還清貸款再貸，並選擇合適的還款方式，大幅降低當月貸款，以避免資金鏈斷裂。

這也是一種有效的債務優化方式。

二是投資信心不足：房地產、理財、存款收益率均下降。

2020年以前，未還清房貸利率也不低，甚至更高，為什麼沒有出現「提前還貸潮」？

除成本外，另一個關鍵因素是收益率。

當投資報酬率低於借貸利率時，投資者便大量贖回資金用於償還債務。2022年，大部分資產的投資年度報酬率都沒有大於未還清房貸利率。

中國人民資產配置的三大方向：房地產、理財和存款。中國人民財富70%配置在房地產上，其次是理財和存款，金融資產僅占2%左右。2022年，房地產業績全面下滑、市場信用惡化，大部分城市的房價下跌，銷售規模大降5兆元左右。若以1年週期為計，即便享受首購屋4%以下利率，大部分借貸購屋的報酬率仍然不及存款利率。如果在2021年購房，房貸利率在5%～6%，大部分借貸購屋的年度收益是虧損的。

當房地產不再是可靠的投資品，居民陷入了投資標的

樓市政策：解局與啟示

荒，只能將錢投向銀行，增加理財和存款的配置。但是，2022年債市利率下降，11月出現流動性危機，引發銀行「理財產品破淨（跌破淨值）潮」，投資者不得不大量贖回轉存，搶購原本冷清的大額存單。

普益標準數據顯示，截至2022年12月末，全市場存續開放式固收類理財產品近3個月年化報酬率平均水準為-1.28%，環比下跌2.16%；近一年平均報酬率為2.11%，環比下跌0.75%。

於是，房地產溢位的5兆元以及理財溢位和消費節餘合計的數兆元都存入了銀行。

中國人民銀行釋出的數據顯示，2022年人民幣存款增加26.26兆元，同比增加6.59兆元。其中，住戶存款增加17.84兆元，非金融企業存款增加5.09兆元。[08] 但是，存款利率也持續下降。2022年12月，銀行網點定存3年期平均利率為3.118%，同比下跌10.1個基點；大額存單利率下跌更快，3年期平均利率為3.337%，同比下降22.4個基點。

可見，房地產、理財、大額存單的整體年度報酬率都沒能大於未還清房貸利率。當投資無利可圖時，持有貸款的成本大增，尤其是未還清房貸。這時，用投資低效的現金償還高息負債反而是更合理的資產配置和債務優化。再加上總體

---

[08]　2022年金融統計數據報告［R/OL］.（2023-01-10）［2023-04-06］. http://www.pbc.gov.cn/goutongjiaoliu/113456/113469/4761016/index.html.

經濟成長的預期轉弱,整體投資信心下降,行為偏好少投資多儲蓄、少借債去槓桿。

怎麼理解這種現象?

02 資產負債表

這種現象在日本1990年代泡沫危機過後出現過。

日本經濟學家、野村證券專家辜朝明在《大衰退》中將其定義為資產負債表衰退。所謂資產負債表衰退,一般是指在金融危機爆發後,企業和家庭選擇減持風險資產、增持安全資產,減少借貸、提前還貸,即壓縮資產負債表規模;投資行為正規化從利潤最大化轉向債務最小化、收益最大化轉向風險最小化,此時,央行貨幣刺激失效,銀行降低利率,企業和家庭不但沒增加貸款,反而將賺取的利潤和儲蓄償還債務、提前還貸。

於是,總體經濟持續衰退。

在總體經濟層面,資產負債表衰退並不是必然的,最典型的時期有美國1930年代大蕭條、日本1990年代泡沫危機後和美國2008年金融危機後。

資產負債表衰退的前提是資產負債表擴張,尤其是極限擴張。

1980年代末，在低息政策的刺激下，企業、家庭大幅擴張資產負債表，日本房地產和股票泡沫膨脹。

當槓桿率達到極限後，快速上升的利率刺破了房地產泡沫，隨後資產價格大跌，償債負擔大增，企業陷入債務 - 通縮螺旋，資產負債表遭受衝擊。

泡沫危機過後，日本企業（包括家庭）的行為發生了微妙的變化。風險偏好降低，行為正規化保守，壓縮規模、降低負債，出售虧損資產、增持安全資產，減少投資、裁員降薪、努力還債，從過去的追求利潤轉變為去槓桿。

從1995年開始，日本企業開始停止申請新的貸款，啟用自有資金償還債務，儘管當時的利率極低；到1998年，日本部分企業變成淨儲蓄戶；到2000年，日本企業儲蓄已經超過了個人儲蓄。

與1990年代之前相反，這一階段日本企業的資產負債表不是擴張而是衰退。辜朝明推算，作為這種企業行為轉變的結果，1990～2003年，由於企業需求下降造成的損失相當於日本國內生產總值的20%。

長期研究日本泡沫危機的中國經濟研究者擔心，新冠疫情危機過後，中國是否進入資產負債表縮表時代？

2008年到新冠疫情爆發前，與之前日本泡沫危機類似，中國社會整體快速加槓桿，企業和居民資產負債表快速擴

提前還貸與降未還清房貸利率

張。由於槓桿率是有限的,極限加槓桿的經濟後果往往是資產負債表塌縮、衰退。

泡沫危機是暴力去泡沫、去槓桿,屬於資產負債表塌縮;危機過後,企業被動壓縮規模、主動賺錢還債,屬於資產負債衰退。

中國3年新冠疫情危機,與日本泡沫危機有所不同。日本泡沫危機從資產價格端衝擊,資產價格迅速大跌導致大量企業、家庭資不抵債,資產負債表大規模塌縮;中國3年新冠疫情危機更多地從經營端衝擊,營收下降破壞了企業的正常收入和經營現金流,失業率增加,家庭收入承受壓力。換言之,與日本泡沫危機後相比,中國當前沒有出現資產負債表大規模塌縮,企業和家庭更多地主動壓縮資產負債表。

不過,塌縮並不是資產負債表衰退的必要條件。實際上,前期極限擴張資產負債表,危機造成的資產下跌或收入下降,危機過後的風險偏好降低,共同引發資產負債表衰退。

如何理解資產負債表衰退?

從個體上看,這是一個資產負債表修復的過程,是自由市場價格機制、獎懲機制發揮作用的結果。

疫情過後,社會的風險偏好下降,去槓桿、減債務、少冒險、穩經營,其實是在修正過去冒進的行為。一個負債累累的家庭,還高借低,優化債務,避免破產;一家經歷暴力去槓桿

樓市政策：解局與啟示

的企業，快速出清，聚焦於主業，精耕細作，賺錢還債。

資產負債表衰退可以有效地解釋日本「失去的十年」。所謂「失去的十年」，其實是去槓桿的十年，是泡沫回歸的十年，是資產負債表修復、社會休養生息的十年。

從大環境看，如果整個社會都趨於保守，大部分企業不再擴張、只賺錢還債，大部分家庭小富即安、守株待兔，經濟豈不長期衰退？

其實，這是一種上帝視角。理解了資產負債表衰退的個體原理後，我們並不需要為此擔憂。首先，這個「如果」並不存在。在自由市場中，所有人的行為正規化不會永遠趨於一致，一致性的行為無法在市場中立足，而自由競爭永遠在獎勵做出正確決策的企業和個人。事實上，在經歷資產負債表修復後，山崎、發那科、安川、川崎、三菱等日本企業展現了更強勁的技術競爭力和全球化經營能力。

在資產負債表衰退過程中，需要的是耐心，等待市場出清與修復。我們不需要對任何一個家庭和企業說三道四，做對了價格會獎勵他們，做錯了價格會懲罰他們。如果衰退的過程極為漫長、通縮的過程頗為煎熬，那麼只能說明之前的泡沫過度耀眼、債務過於龐大。

03 降未還清房貸利率

辜朝明敏銳地發現，在資產負債表衰退時貨幣刺激是無效的，但他認為財政刺激可以治癒資產負債表衰退。

辜朝明支持日本政府最近20年激進的財政擴張行動，儘管因此帶來極高的負債率。他的解釋是，日本當前存在龐大的國債，但如果日本政府不以此為代價去刺激經濟，那麼日本經濟就會跌去峰值的一半或三分之一。

其實，資產負債表衰退的原因是資產負債表曾有過度擴張。衰退，正是對這一行為的修正。而不論是貨幣刺激還是財政刺激，實際上都是試圖製造一個更大的泡沫來掩蓋這個泡沫，重新回到危險的老路上。當下，日本企業和家庭的資產負債表恢復競爭力，但是政府和央行的資產負債表膨脹到令人擔憂。在當下這輪全球貨幣緊縮週期中，日元連續暴跌、日債驚心動魄已暴露了日本長期以來這種財政刺激、央行保底的風險。

經濟學家需要避免以上帝視角俯視大地、以總量思維評判世人。企業和家庭的資產負債表衰退行為，不應該界定為「負面」。

金融危機爆發時，大部分投資者在做空，他們的行為甚至被定義為恐慌，但不能被界定為「負面」。這就是方法論上的個人主義和價值無涉原則。

樓市政策：解局與啟示

當下,「提前還貸潮」是一種資產負債表衰退現象。其成因概括起來就是債務負擔過重和投資收入(預期)下降。如何避免整個社會的資產負債表衰退?需要設法降低企業和家庭的負債,同時提高他們的真實收入。其中,降低未還清房貸利率能夠減輕購屋者償債負擔,促進消費增加。

2023年8月31日,政策終於發表。中國央行、國家金融監督管理總局聯合釋出《關於降低存量首套住房貸款利率有關事項的通知》和《關於調整優化差別化住房信貸政策的通知》,提出未還清首購房貸利率調整方案:「未還清首購屋商業性個人房屋貸款的借款可向承貸金融機構提出申請,由該金融機構新發放貸款置換未還清首購屋商業性個人房屋貸款。」這一政策利多,超出市場預期。

然而,當前商業銀行的准入門檻極高,具有相當的排他性,絕大多數商業銀行是國營企業。另外,利率並不是真正意義上的自由利率。儘管LPR是由商業銀行們共同報價的結果,但LPR報價是在中期借貸便利(MLF)基礎上加碼形成的,MLF基本由央行決定,它相當程度上影響著商業銀行獲得資金的成本。

由於商業銀行和利率市場不完全市場化,住屋貸款利率長期偏高,近些年未還清房貸利率均超過5%,一些時期突破6%。2022年,聯準會激進升息,30年住屋借貸利率一度

提前還貸與降未還清房貸利率

短期突破 7%，如今回落到 6.1%；但是，2010～2021 年，美國 30 年住屋借貸利率長期在 4% 以下。2022 年受聯準會升息的影響，香港房貸利率有所上升，但該利率長期維持在 2% 以上。換言之，商業銀行的貸款利率其實長期高於國際市場上的貸款利率，未還清房貸的中性利率應該低於當前的利率水準。

2022 年商業銀行利潤超過 2 兆元，作為國有企業，在不危及銀行財務的前提下，商業銀行降低未還情房貸利率是讓利於民，相當於公共財政的轉移支付。

降低未還清房貸利率可以直接減輕家庭的債務負擔，增加家庭收入和實際消費力。從經濟學的角度來講，每個家庭不論如何使用這筆資金，對社會都是有益的。有些人可能用於消費，這可以促進內需復甦；有些人可能用於投資，這可以提振投資需求；有些人可能用於償還債務，這可以修復資產負債表。

另一個支持銀行降低未還清房貸利率的理由，是不夠市場化（過高）的利率反而加劇債務風險。

透過觀察可以發現，由於利率受協議約束具有一定的剛性，當泡沫危機爆發時，資產價格下跌的速度往往快於債務，市場短期內湧現大量資不抵債的負資產。如果利率不夠市場化，利率對市場的反應遠落後於資產價格，那麼資不抵

債的速度更快、債務風險更大。因此，未結清房貸利率一年才調整，房價下跌、收入減少時，房貸利率依然屹立不動、維持高位，這無疑加劇了購屋者的債務負擔。在自由市場中，當房價下跌、收入下降時，貸款需求減少，利率也會隨之下降，購屋者的償債成本會減少。

支持銀行降低未還清房貸利率，並不是按照計畫思維行事。相反，如果讓利率市場、讓無數交易者共同來決定房貸利率，這樣的市場對民眾是最有利的。

參考文獻

[1] 辜朝明.大衰退[M].喻海翔，譯.北京：東方出版社，2016.

房產稅能否替代土地財政？

房地產稅不等於房屋稅。房地產稅是與房地產相關的一切稅收的總稱，包括房地產增值稅、所得稅、土地使用稅、契稅等。房屋稅指的是對房屋產權所有人徵收的財產稅。官方使用的是「房地產稅」，可能考慮到還包括「土地使用權人」，不完全是房產所有人。

不過，本書還是習慣使用「房產稅」概念。

房產稅能否扭轉土地財政的巨大慣性？如何從土地財政過渡到不動產稅？

本部分從美國房產稅的演變歷史出發理解土地財政與房產稅。

01 美國之路：
從土地財政到大恐慌，再到《宅地法》

西元 1776 年，北美對英國的戰爭取得了勝利，北美 13 個殖民地正式獨立成為美利堅合眾國。

由於獨立戰爭期間發行了大量國債，償還債務和利息占用了大部分國家財政預算，國庫嚴重虧空，財政入不敷出，聯邦信用瀕臨崩潰。西元 1785 年和 1787 年，國會先後頒布

了《關於西部土地測量和出售法令》和《西北法令》。這兩部法律規定，出售公共土地所得「用於償還債務或者履行償債業務⋯⋯而且只適用於此類使用」。基於此，西元1790年聯邦政府將地方州的戰爭債務攬過來，並承諾償還所有債務。

但是，由於美利堅合眾國是以「私有產權」立國的國家，絕大部分土地掌握在私人手上，能賣的國有土地有限。所以，賣地還債一開始難以做到。但之後，一個偶然的事件促使美國國運出現了轉機。

在傑佛遜任總統時期，法國拿破崙從西班牙手上取得了路易斯安那的殖民地，並控制了新奧爾良港口，如此相當於遏制住了美國密西西比河航運的出海口。

於是，傑佛遜總統派大使李維頓和門羅找拿破崙商談，試圖買下新奧爾良港口及周邊土地。令傑佛遜沒有想到的是，經過一年的談判，原本寸土不讓的拿破崙竟然決定將包括新奧爾良在內的整個路易斯安那地區，以1,500萬美元的價格賣給美國。

原來，此時拿破崙決心與英國開戰而無暇顧及北美，若將這塊地出售正好能為戰爭籌款，同時也賣了個人情給美國。

起初傑佛遜授意購買新奧爾良的價碼是200萬美元，而整個路易斯安那面積（214萬平方公里）相當於上百個新奧爾

良,卻只要1,500萬美元,相當於每平方公里7美元,大約每英畝3美分。兩位大使摸清拿破崙的算盤後當機立斷地敲定了這筆購地買賣,並於西元1803年4月和法國簽了購地條約。

美國聯邦政府為了支付購地款,向外國銀行借了不少錢,政府財政負擔進一步加劇。於是,聯邦政府決心活化路易斯安那這片廣袤之地,開啟大規模賣地模式來償還日益緊迫的鉅額債務。

西元1804年,傑佛遜總統派遣路易斯和克拉克組隊,硬著頭皮進入路易斯安那地區進行策略性勘探,繪製了詳細的山川地貌以及礦產資源地圖,同時摸清楚了西班牙、法國的遺留軍事堡壘和印第安原住民區。

西元1806年,美國聯邦軍隊進入該地區,開始土地徵收。接下來,美國聯邦政府開始大規模拍賣路易斯安那地區的土地。按照傑佛遜總統上臺以後所制定的土地政策,購買土地的最低限度是160英畝,價格是1.64美元,購地者還可以獲得一定的貸款。

這吸引了大批土地投機商搶購。投機商獲得大塊土地後切分為小塊,又轉手賣給置產業者。隨後,大批東部移民和歐洲移民進入路易斯安那投資置業。如此,**轟轟烈烈的西進運動開啟了新移民們心中的美國夢**。如今很多美國富豪家族的祖先就是這批新移民。

樓市政策：解局與啟示

當然，最大的獲益者當屬美國聯邦政府。美國聯邦政府規定，除創始13個州之外的新拓展的土地和新加入州的土地，都由聯邦政府所有、管理和支配。除土地財政外，政治也是西進運動的動力之一。傑佛遜派使西部州淪為農業州，擴大了該派在國會上的投票權。

之後，美國的領土不斷擴張，從西班牙手上奪得佛羅里達，強迫英國簽約將領土延伸至大西洋沿岸，在美墨戰爭後購買了墨西哥95萬平方英里的土地，將國界延伸至太平洋東岸，控制了加利福尼亞金礦。到西元1853年，美國國土面積達303萬平方英里，比宣布獨立時的版圖增加了7倍之多。

如此，聯邦政府獲取了大量領土支配權，並透過拍賣土地獲得鉅額出讓金。當時，聯邦財政第一大收入來源是關稅，第二大收入來源則是土地出讓金。這就是美國早期的土地財政。

到西元1837年，聯邦政府終於還清了所有債務，而且國庫中還有大量的盈餘，鞏固了聯邦財政和國家信用。

在土地財政的推動下，大量資金湧入房地產、鐵路等領域，與此同時，聯邦政府頒布實施了自由銀行法（設立銀行的最低資本金下調至10萬美元），大批商業銀行快速興起，並提供大量信貸，房地產價格瘋狂上漲，市場投機趨於失控。

房產稅能否替代土地財政？

拉斯・特維德（Lars Tvede）在《逃不開的經濟週期》（*Business Cycles*）一書中生動地記錄了這一場恐慌危機：

「1832年僅有5,900萬美元，到1836年已經瘋漲到了14億美元……大量的流動性是由那些新開的銀行創造出來的……這些錢並沒有投資到新興產業，其中大部分都流進房地產業用於投機。」

「紐約所有東西的價格都高得離譜……房地產價格的快速飛漲並不限於紐約一個地方；芝加哥的土地價值也已經從1833年的156萬美元漲到了1836年的不低於1,000萬美元。」

為了解決日益極端的人地矛盾，抑制瘋狂的投機行為，聯邦政府不斷下調單塊土地拍賣的最小面積，由《1785年的土地法令》的20,480英畝，逐步下調至西元1796年的640英畝，再到西元1804年的160英畝，到西元1832年已下調到40英畝。

西元1836年7月，對紙幣極為不信任且痛恨投機行為的傑佛遜總統簽署《鑄幣流通令》，規定大多數購買土地的交易必須使用黃金或白銀支付。傑佛遜希望以此來遏止全國的地產投機活動。

此時，聯邦政府財政出現盈餘，國會表決要求將財政盈餘分配給各個州。根據該項決議，從西元1837年1月2日開始，聯邦財政部每隔3個月就要從紐約的主要銀行提取900

萬美元，然後將這些錢分配到各個州。

這一法令和財政部的做法，相當於直接抽走了市場的流動性，房地產和銀行市場立即陷入緊縮。

聯邦財政部提取第一筆900萬美元時，推倒了第一塊西洋骨牌，接著恐慌與一系列破產事件發生，房地產進入瘋狂拋售的惡性循環，大量銀行因擠兌而倒閉。西元1837年底，全美所有銀行都停止了金幣兌付，股票市場大跌，全美90%的工廠停工，大量工人失業。

這就是著名的「1837年美國大恐慌」。

「芝加哥一塊土地在1836年曾經賣到11萬美元，如今持續下跌，到1840年只賣100美元。由於地價下跌，那些購買了大片土地並將其分成更小的地塊囤積起來的投機者，開始意識到再也沒有後續的購買者了。」[09]

這一次大恐慌持續時間很長，從西元1837年開始暴跌，直到西元1842年也就是危機發生5年後，全美大部分房價才最終跌到谷底。

西元1837年3月的《先驅報》上一篇社論這樣寫道：「美國從來沒有處於現在這樣的危險境況。我們現在被商業恐慌包圍著，這場恐慌正在發出巨大的威脅，它要破壞我們社會的

---

[09] 拉斯·特維德. 逃不開的經濟週期[M]. 董裕平，譯. 北京：中信出版社，2012.

房產稅能否替代土地財政？

一切事務 —— 要毀滅我們的整個構架，要把大片地區變成廢墟，要把我們一半的銀行機構從地面上消除掉，要點燃那些最浮躁的熱情，並且製造突變，最終讓我們的國家停滯不前。」

大恐慌導致全美房地產價格崩盤，市場交易幾乎停滯，很多人失去了土地和房產，大量土地被荒廢，到處是爛尾樓與工地，基礎設施和土地開發處於停滯狀態。

為了啟用土地市場，美國聯邦政府頒布並實施了一系列法令：

西元 1841 年，美國頒布了《優先購買權法案》，目的是使占有並改良了國有土地的定居者，有權以低廉的價格，在沒有競爭的情況下優先購買國有土地。這一法令賦予了定居者（低價）占有國有土地的權利，並催生了此後的《宅地法》。

西元 1854 年，美國國會通過《土地價格遞減法》。該法律規定，針對上市多年而沒有銷售掉的土地，按與其上市時間成反比的規則重新核定上市價格，上市時間越長，出售價格越低。據統計，按此法令，美國共出售 2,600 萬英畝土地，平均每英畝的價格為 0.32 美元。

該法律是此後免費對西部地區定居者提供宅地的一個過渡法案，有利於西部開發與普通定居者獲得土地。

西元 1861 年，美國內戰爆發。西元 1862 年，戰爭打得難分難解之時，林肯總統頒布了《宅地法》。《宅地法》規定，

凡一家之長或年滿 21 歲、從未參加叛亂之合眾國公民，在宣誓獲得土地是為了墾殖目的並繳納 10 美元費用後，均可登記領取總數不超過 160 英畝[10]宅地；登記人在宅地上居住並耕種滿 5 年，就可獲得土地執照成為該筆宅地的所有者。

這部法律的頒布是出於戰爭需求，希望獲得廣大中下層民眾的支持，保障軍力的供給。但是，這部因戰爭而頒布的法律，實際上將大部分國有土地以近乎免費的方式分配給了新移民，這就直接終結了美國聯邦土地財政的歷史。西元西元 1862～1900 年，至少有 60 萬個遷入美國西部的家庭從中得到好處。黑奴只要幫助北方軍隊打仗，便可獲得一定的土地，從而成為有財產的自由人。

西元 1837 年，美國國會表決要求將財政盈餘移交給地方各州。如此，聯邦政府缺乏獲取土地財政的直接動力。而《宅地法》推動土地私有化後，地方政府也失去了攫取土地財政的條件。可見，土地私有化是終結美國土地財政的關鍵。

之後，聯邦政府與地方政府優化財政分權，地方政府具備一定的稅收權力和支出責任範圍，可自主決定其預算支出規模與結構。

在財政壓力的驅使下，地方政府逐漸從房地產的轉讓階段轉向持有階段徵稅，不動產稅也由此誕生。

---

[10] 1 英畝 ≈ 0.40 公頃。

房產稅能否替代土地財政？

早在西元 1818 年，美國伊利諾伊州就開始實行一般財產稅制度，對各類動產、不動產實行同一稅率徵收。

南北戰爭結束後，為了克服普遍存在的財政危機，各州政府開始引進不動產稅，針對房屋和土地進行課稅。

到了 20 世紀初期，隨著美國城市化過程的加速，各州及地方政府為了解決公共開支的問題，啟動了一系列稅收改革及平衡政策，開啟了第一輪不動產稅制度改革。一方面推行低收入家庭和老年人的減免稅收政策，另一方面針對擁有房產的高收入階層徵收不動產稅。

進入 1970 年代，美國各州再次大規模公布了新房產稅政策，開啟了房產稅的第二輪制度改革。其間，最具影響力的就是加利福尼亞州在 1978 年的第 13 號提案，該提案囊括了計稅房價調整、交易階段減免重複徵稅、稅收成長限制等方面，為其他各州重構房產稅制度提供了藍本。

如今，美國已經形成了一套較為完整的不動產稅稅收體系。美國不動產稅，以土地、不動產及建築為徵收主體，具體稅率及優惠政策由州、市政府根據各級預算制定。美國不動產稅是一種典型的地方稅制，由聯邦和州立法，地方政府執行徵收，目的是為各州及地方政府提供持續可靠的財政收入，從而為本地城市公共財提供穩定的資金支持，主要用於提供消防、治安、道路交通、教育、環境改善等公共服務。

不動產稅現已成為美國地方政府尤其是縣區級政府的主要收入來源。根據美國統計局2015年統計報告的數據，不動產稅約占地方財產稅收入的75%。對於縣、市鎮、特區等地方政府來說，財產稅的占比則較高，主要在50%～75%，其中特區更是高達95%，幾乎全部依賴財產稅。

在美國地方財政體系中，不動產稅具有明顯的強化趨勢。美國統計局的數據顯示，2002年以來不動產稅占地方政府的稅收收入比例不斷提高，扣除聯邦和州的轉移支付收入後，不動產稅占總財政收入的50%左右。在紐澤西州和密西西比州，2015年房產稅收入占總收入的比重高達90%以上。

目前，美國全國在房地產的持有階段都開徵了不動產稅。稅率按「以需定收」原則確定，各地差異較大，平均分布在0.2%～2.5%。[11] 不動產稅已經成為美國居民在住宅消費上的第二大支出，占家庭收入的3%左右。美國人口普查局主持的美國社區調查的數據顯示，全美各州平均家庭房產稅支出的中位數（按年度估算口徑（指標）），由2007年的1,838美元升至2016年的2,340美元，占全美家庭收入中位數的比重由3.66%逐漸攀升至3.96%。其中紐約州及其周邊紐澤西州的家庭繳納的房產稅最高，中位數超過7,000美元，而密西西比、阿拉巴馬等州最低，均不到1,000美元。

---

[11]　陳慎．美國如何徵收房產稅［EB/OL］．（2018-03-12）［2023-04-06］．https://www.guancha.cn/economy/2018_03_12_449817.shtml．

02 中國之路：
從分稅制改革到土地財政，再到房產稅

綜上所述，我們可以得出以下兩個結論：

一、土地財政不利於經濟持續成長

土地財政是一個國家在非常時期，如建國初期或債務如山時，挽救財政危機，建立國家信用的一種緊迫方法。但是，僅此而已。

倘若像美國早期一個主體控制大部分土地，並以此來融資獲得巨量的收入，會導致三大問題：一是土地壟斷租金的出現——土地財政化，財政貨幣化；二是土地資源錯配，降低土地利用率，形成人為的市場壟斷；三是貨幣和銀行信貸容易失控，資產泡沫膨脹，債臺高築。

西元 1837 年，美國土地財政下的房地產泡沫引發大恐慌，終結了這場 30 多年的土地財政盛宴，留下了慘重的歷史教訓。房地產泡沫破滅後，經濟陷入長期蕭條。直到 11 年之後，即西元 1848 年加利福尼亞州發現金礦，整體經濟才開始好轉，房地產才得以復甦。

二、房產稅是一種長效機制

一般而言，當經濟在大發展、房地產在大開發時期，政府容易依賴土地財政和間接稅收，在土地價金、房地產轉讓

階段可以獲得鉅額財政收入。但當經濟進入穩定期，房地產從開發階段進入保有週期（持有階段）時，政府稅收必須由間接稅轉向直接稅（財產稅、所得稅）為主，如房地產持有人的房產稅。而中國持有階段稅目前在整個房地產稅收體系中仍處於邊緣地位。

土地財政是一個觀察中國總體經濟走向的重要視角。

與美國類似，中國走上土地財政之路也不是高層設計而來的，而是在財政困境中摸索出來的，準確而言是中央與地方財政事權不斷協調、妥協之結果。

土地財政的前提是土地國有化。1954 年中國《憲法》規定，「國家依照法律保護農民的土地所有權和其他生產數據所有權」。到 1956 年，全國農村實施土地集體所有制。真正確立土地國有化政策的是 1982 年的《憲法》。這部《憲法》規定：「城市的土地屬於國家所有。農村和城市郊區的土地，除由法律規定屬於國家所有的以外，屬於集體所有。」

到了 1980 年代末，中國引進了土地拍賣制度，允許地方政府拍賣國有土地使用權。1994 年分稅制改革，中央回收了部分稅權，地方政府獲得城市土地出讓收益權。從歷史來看，分稅制改革之後，中央財政充裕，支撐其在 1990 年代末經濟艱難時期順利推行大規模改革以及基礎設施建設。而財政緊繃的地方政府開始「窮則思變」，試圖擴大土地出讓收

入。值得注意的是，美國是聯邦政府賣地，而中國是地方政府賣地（土地使用權），前者產權發生變化，後者產權並沒有發生變化。

1998 年，房地產市場化改革開啟破冰之路。加入世界貿易組織（WTO）之後，中國經濟快速發展、城市化大邁步，相應帶來的投資熱度與市場需求上升，再加上中國央行外匯存底快速增加推動的貨幣寬鬆，以及國有商業銀行的壯大，共同為這個行業創造了天時、地利與人和的條件。

2003 年，《招標拍賣掛牌出讓國有土地使用權的規定》公布，象徵著中國房地產正式啟動成長模式，地方政府的土地財政持續增加。

不過，在 2008 年以前，房地產的快速擴張，土地財政的蒸蒸日上，還只能算是乘經濟之熱潮，受投資之簇擁。但是，2008 年金融危機後，在寬貨幣、寬信貸的支持下，房地產的發展軌跡逐漸脫離了市場化之路，出現了房地產貨幣化、泡沫化。

地方政府依賴土地融資，商業銀行依賴地產信貸，城市建設投資公司及國有房地產商依賴土地及信貸資本，金融公司依賴地產抵押之上的批發性資本，私人資本依賴直接的樓市賺錢，社會大眾依賴由此帶來的安全感與幸福感。

總結起來，中國房地產歷經 1990 年代末的「財政破局」、

樓市政策：解局與啟示

2003年後的「乘勢而起」、2008年後的「貨幣大潮」三個階段，與土地財政、銀行信貸形成一股強大的慣性力量。

2019年後，隨著棚改貨幣化最後收尾倒數計時，貨幣政策轉向穩槓桿和結構性加槓桿，資產泡沫風險增加，金融監管強化以及國際環境緊縮，中國房地產行業定位發生了變化：從穩成長到防風險，退出了拉動經濟成長的生力軍行列，政策定調變為抑制泡沫，防範金融風險；同時，推動房產稅的試行改革，完善國家稅制，促進土地財政逐漸向有長期收益的房產稅轉變。

但是，在地方層面，土地財政的慣性卻需要時間緩衝。

根據Wind數據，2020年，土地財政依賴度〔以政府性基金收入÷（一般公共預算收入＋政府性基金收入）來衡量〕超過100%的城市有20個。土地財政依賴度超過50%的城市有40個。以西安市為例，2020年該市土地出讓收入為1,058億元，一般公共預算收入為724.1億元，土地財政依賴度高達146.11%。

房地產價格飆漲、土地財政擴張的背後是信貸及債務風險加劇。

根據中國人民銀行官網數據，2021年一季度末，居民中長期貸款新增1.98兆元，刷新了2020年三季度1.8兆元的紀錄，同比成長57%，而居民中長期貸款的大部分項目就是

房產稅能否替代土地財政？

房地產借貸貸款。

2020年末，住戶部門的債務餘額是73.6兆元，同比成長14.6%，房貸占家庭總負債的70%以上。中國人民銀行釋出的政策研究顯示，2021年一季度中國宏觀槓桿率為276.8%，其中，居民槓桿率為72.1%，政府部門槓桿率為44.5%，企業部門槓桿率為160.3%。[12]從2020年底開始，政策試圖控制房地產企業擴張和價格繼續上漲，避免出現系統性金融風險。從長期來看，房地產價格如果持續上漲，外部方面，金融開放的壓力越來越大，堰塞湖（隱性）風險也越來越大；內部方面，對生育率、消費及社會信心的打擊越來越重，同時債務風險越來越高。

解決房地產的問題，一是控制貨幣及信貸擴張，二是轉變土地財政依賴模式，三是增加公共住房（國宅、社會住宅）投入。房地產到了今天這個地步，必須扭轉土地財政的慣性，將徵稅的主體轉向持有階段（持有人），形成穩定的以直接稅、房產稅、財產稅為主的長效機制。

土地財政與房產稅有本質區別。土地財政的收入來自賣地，這是一種壟斷租金。正如新制度經濟學家諾斯所研究的，財政制度改革必須將政府的收入與國家、國民的利益方向調成一致。房產稅是一種長效機制，概念類似於「物業

---

[12] 2022年一季度金融統計數據報告[R/OL]．（2022-04-11）[2023-04-06]．http://www.pbc.gov.cn/goutongjiaoliu/113456/113469/4527980/index.html.

樓市政策：解局與啟示

費」。地方政府透過徵收房產稅，用於改善周邊交通、安防、教育等設施，以維持穩定的居住環境。

但是，房產稅的立法與徵收，其複雜性與艱鉅性遠遠超出稅制改革的範疇。

當下，房地產泡沫風險大，土地財政規模龐大，房產稅徵稅面臨的挑戰是複雜的。這一制度切換需要考慮兩個方面的社會成本：

一是從先進國家的歷史來看，從間接稅轉向以直接稅為基礎的完善稅制，都經歷了漫長而艱難的陣痛期。

英國個稅源於小威廉·皮特時代的西元 1798 年「三部合成捐」，幾度興廢，直到西元 1874 年威廉·格萊斯頓任首相時，才在英國稅制中固定下來，時間長達 80 年。

德國從西元 1808 年普法戰爭失敗開始，經歷 80 餘年，到西元 1891 年首相米魁爾頒布《所得稅法》，個稅制才正式建立。

美國在西元 1861 年南北戰爭爆發後開徵所得稅，西元 1872 年廢止。總統塔夫脫再提個稅開徵，被最高法院宣布違憲。直到 1913 年第 16 條憲法修正案通過，個稅才得以確認。

稅收是一國之本，稅制切換就是利益分割，其中博弈衝突不可避免。在韓國，房產稅的發表（開徵）經過了艱難的衝突過程，財產問題對韓國政界衝擊很大。政治因素是韓國房

產稅發表（開徵）最大的阻力。

二是房產稅試行，是一個折中溫和的過渡性方案。

房產稅改革試行，而不是房產稅立法，說明這是一個折中的、穩健的過渡性方案。與立法和全面實施相比，試行改革更具柔性、靈活性、區域性和時間緩衝。

很多人關心，徵收力度有多大？幾間房屋起徵或者人均多大面積免徵？租金會不會上漲？如果徵收力度大，會不會誤傷普通家庭或者打擊房地產市場？如果徵收力度偏小，那麼房產稅能夠覆蓋鉅額的土地出讓收入嗎？

根據「澤平宏觀」的研究分析[13]：

以2017年土地出讓收入5.2兆元為標準，要使房產稅超過土地出讓收入；免徵面積為0平方公尺時，稅率需在2.5%以上；免徵面積為12平方公尺時，稅率需在4%以上。因此，如果免徵面積超過12平方公尺，稅率在4%以內，房產稅無法替代土地出讓收入。

但考慮到財政收入減少的風險，中國可能會走中間路線，即從直接稅到間接稅與直接稅並行，土地財政與房產稅並舉。這裡需要考慮是否重複徵稅的問題。所以，財政改革是一個系統工程。

---

[13] 夏磊，黃什．房地產稅能否替代土地出讓收入？[EB/OL]．(2019-03-12)[2023-04-06]．https://mp.weixin.qq.com/s/mKDQpzCYmAqY4vTSVohQ8Q.

房產稅，是一個國家財政、社會改革的艱難一躍。若跳不過去，土地財政的慣性力量可能越來越重；若跳過去了，房產稅似乎無多神奇。

參考文獻

[1] 拉斯・特維德. 逃不開的經濟週期［M］. 董裕平，譯. 北京：中信出版社，2012.

[2] 趙燕菁. 土地財政：歷史、邏輯與抉擇［J］. 城市發展研究，2014，21（1）：13.

[3] 高波. 財政向房地產稅收財政轉型的現實困境與突破路徑［EB/OL］.（2017-05-15）［2023-04-06］. https://idei.nju.edu.cn/1a/d6/c26392a531158/pagem.htm.

深圳樣本：一座城市的探索

　　深圳這座城市的精神從來都分外鮮明：敢闖敢坐、敢為人先、埋頭苦幹。
　　一條道路、一種精神，貫徹在深圳發展壯大的 40 多年中。但是，深圳也備受高房價的困擾。
　　深圳的經濟發展模式值得研究、借鑑，深圳的現在和未來，值得關注、思考。

◆ 深圳樣本：一座城市的探索

何謂深圳模式？

深圳經濟特區建立 40 週年之際，中央印發了《深圳建設中國特色社會主義先行示範區綜合改革試點實施方案（2020～2025 年）》（以下簡稱《示範區實施方案》），給深圳提出了 27 專案任務要求。

深圳再次成為焦點：深圳的下一個五年、十年會怎樣？在當前複雜的國際局勢以及不確定的總體經濟下，人們關注這座前衛城市，深藏著一種底層的期待：中國改革接下來怎樣走？

本部分以「深圳 40 年」為切入點，用經濟學理論剖析中國改革的經驗及挑戰。

01 制度變遷 過去改革的成功經驗

過去 40 多年中國經濟制度是怎樣演變的？

筆者認為兩個方面很重要：一是將權力和資源下放給市場；二是產權制度的變遷。

1979 年，中國第一個工業區——深圳蛇口工業區開始動工。承擔建設蛇口工業區的公司，正是天字第一號、蟄伏在香港多年的招商局。

何謂深圳模式？

當時中央對改革試驗區的態度是不納入中央計畫、不撥款，透過鬆綁政策支持。中央給予袁庚的「鬆綁政策」是擁有自主審批 500 萬美元以下工業專案的許可權和允許對外資銀行舉債。

袁庚沒有用當年唐廷樞公開募股的方式解決資金問題，而是回到香港，向港商和銀行借來 15 億元資金，用這筆錢來平整土地和建設工業區基礎設施。

中國改革其中一條經驗是打破制度上的束縛，讓大量的權力與資源重新回歸市場，讓農民、工人、企業家、工程師、企業及地方政府發揮作用。改革開放早期，地方政府是經濟成長的第一發動機，然後才有企業家、工程師等。這就是張五常先生提出的「縣際競爭」理論。

光下放權力是不夠的，我們不能忽略制度建設的作用 —— 產權制度改革。國營企業改革、股份制改革、土地改革都是產權制度變遷，下面以土地改革為例。

1980 年 1 月 1 日，一位叫劉天就的香港商人與政府簽訂了深圳第一份土地租賃協議。

他計劃在這塊地上建一棟房子，並取了一個完全沒有政治色彩的名字「東湖麗苑」。不久他拿著房子的設計圖來到香港，僅僅 3 天就將「紙上」的 108 間房子銷售一空。

但是，東湖麗苑專案在當時是沒有制度支持的，只能算是專案的案例。中國的土地制度該怎麼改革？1982 年 1 月 1 日，農村集體土地實施「包產到戶」改革，產權還是集體產權，經營權承包給個人。

城市土地是國有土地，該如何改革？如果土地交易不啟用，工業化、城市化都很難推進。

1970 年代，也就是改革開放前夕，新制度經濟學興起，羅納德・寇斯、道格拉斯・諾斯、阿門・阿爾奇安等建立了一套完整的理論。這套理論為中國土地產權改革提供了方向。

這時，有一位學者試圖將這些理論介紹到中國，他就是阿門・阿爾奇安的學生張五常。1980 年 12 月，寇斯在美國底特律跟張五常說：「聽說中國有可能改革，你要回到中國去。」

當時張五常並沒有回中國的打算。寇斯跟他解釋：「沒有人懷疑你在美國的學術成就，但中國要改革，他們不知道怎樣做才對。經濟制度的運作你比任何人知道的都多，又懂中文，他們不改無話可說，但如果真的要改，你回到中國的貢獻會比留在美國的大。」

一年多後，張五常就回到香港大學任教，他開始思索如何才能讓中國決策高層接受他帶回來的市場理論。

張五常為此費了一番心思。據他自己回憶：我要把哪位

何謂深圳模式？

朋友的名牌打出去推銷呢？我的老師阿門‧阿爾奇安被譽為產權經濟學之父，但他的重要貢獻是產權與競爭的關係，解釋起來不會一招打中中國需要改革的命脈。寇斯呢？他提出的觀點與角度夠新奇，有深度，也可以完全避開當時的意識形態之爭。於是我集中於從交易費用與權利界定這兩項寇斯的看家本領入手。

張五常曾在《中國的經濟制度》中寫道：「沒有更好的時間，沒有更好的地方，也許沒有比我這個寫手更好的業務員，在八十年代的中國推廣寇斯的思想。」

於是，回到香港後的張五常寫了一篇名為〈中國會走向資本主義的道路嗎？〉的文章。這篇文章第一次向中國內地介紹了寇斯的思想。接著，張五常一口氣寫下了《賣桔者言》、《中國的前途》、《再論中國》3本書。

1986年，張五常在《信報》上發表了〈出售土地一舉三得〉，建議深圳透過出售土地的方法來解決發展經濟急需的資金問題。

1987年，深圳探索土地拍賣制度，請張五常到深圳研討。張五常建議，將土地所有權與使用權分離，拍賣使用權獲取資金。

幾個月後，即1987年12月1日，全國第一塊土地舉行

深圳樣本：一座城市的探索

「公開競標」。深圳方面有人去香港大學找到張五常，問他哪裡可以借得一個拍賣時用的木槌⋯⋯當時，會場坐了700多人，包括中央及省（自治區、直轄市）長官、60多位國內外記者，還有一批競標房地產商。

最終，深房集團以525萬元的天價拿下了中國首次公開拍賣國有土地的使用權。深房集團在這塊土地上建起了深圳東曉花園。新屋發售後，不到一小時就賣完了，深房公司淨賺近400萬元。

1988年4月12日，七屆全國人大一次會議修改了《憲法》有關條款，將原來《憲法》中「禁止出租土地」的條款刪去，明確規定「土地的使用權可以依照法律的規定轉讓」。

改革開放，光開放是不夠的，只有明確產權問題，國外技術、資本才會更順暢地流入，才能更好地參與國際市場。

02 效率遞減 當下改革的關鍵難題

其實，在中國土地產權改革方面，張五常沒有使用寇斯的絕對產權理論，而是使用其擅長領域的「相對產權」——合約責任。

根據產權理論，有絕對產權和相對產權。絕對產權改革，比如直接土地私有化；相對產權改革，是指透過租賃合約來完成產權的分化、界定與交易。張五常選擇了後者，土

地產權還是國有的，只是將土地的使用權分離出來並上市流通。他引入了香港的批租制度，建議將城市土地以租賃和拍賣的方式實現使用權的自由流通。

中國的土地改革是政府主導的自上而下的漸進式改革。張五常主張的相對產權符合這一改革邏輯。

從這一漸進式改革的路徑來看，中國改革追求的是卡爾多-希克斯效率[14]。所謂卡爾多-希克斯效率，指的是從結果中獲得的收益完全可以對所受到的損失進行補償。卡爾多-希克斯效率採用的是整體性補償原則，即只要改革後的收益大於改革前，那就是有效率的，問題無非是如何用收益去補償改革損失方。

制度改革是一個替代過程，以一種更有效率的制度替代低效率的制度。中國將使用權租賃的土地制度是一種更有效率的制度。同時，制度變遷還是一個交易過程。這個交易就是上面所說的補償原則。諾斯認為，只有改革的收益大於改革的成本時，制度變遷才會發生。所以，張五常用「相對產權」來推動中國的土地產權改革，可以稱得上是「曲線救國」。

但是，很多經濟學家往往並不主張卡爾多-希克斯效率，因為經濟學不支持整體思維和補償機制，不能為了某一

---

[14] 卡爾多-希克斯效率，是指經過變革後，第三者從結果中所獲取的收益可以覆蓋所遭受的損失，整體的效益較之前得到了改善的理想狀態。

◆ 深圳樣本：一座城市的探索

方而犧牲另一方的利益。這其實是帕雷托效率[15]的理念。

在 20 世紀，美國法界與經濟學界存在這兩個對立的立法準則。

按照寇斯的理論，如果交易費用為零，卡爾多 - 希克斯效率可以晉升為帕雷托效率。但是，現實中交易費用不為零，改革總是伴隨著各種阻礙。轉型時期的中國，沒有完善的自由市場，無法達成理想的帕累托最優，追求卡爾多 - 希克斯效率是改革現實可行的選擇。

這種改革是有效的。

但是，隨著時間的推移，卡爾多 - 希克斯效率在理論上的缺陷會暴露出來，即違背了經濟學上的「方法論上的個人主義」，以及自由市場的「自發秩序」。最初改革的卡爾多 - 希克斯效率到後來容易遭遇諾斯的國家悖論以及奧爾森的集體行動困境，最後變得低效率。

這就是卡爾多 - 希克斯效率遞減問題。諾斯的國家悖論和奧爾森的集體行動困境，背後是制度變遷的卡爾多 - 希克斯效率遞減。具體來說包括以下兩點：

一是前期改革的邊際效益高，後期改革的邊際效益低，後期改革的收益不足以補償損失。

---

[15] 又被稱為「帕累托最優」，是指經資源分配的一種理想狀態，在經濟生產中各種資源的配置效率達到了最佳。

改革往往是先易後難,先改效益大後改效益小。比如土地改革,土地私有化阻力要比土地使用權批租的改革大得多。同時,土地使用權批租可形成足夠大的「餅」,以補償改革的損失方。但是,如果一項改革沒有形成自由市場,卡爾多 - 希克斯效率會呈現邊際遞減。前面的改革已經形成了巨大的效益,後面改革的效益無法覆蓋現有的損失,這樣改革定然陷入僵局。

二是基於租賃合約的「相對產權」改革,給中國土地及房地產市場帶來很高的交易費用。

相對產權改革和使用權批租,導致土地供給單一,房地產價格扭曲,金融風險大增。近些年中央一直在強調穩房價、穩地價和控制金融風險。

所以,卡爾多 - 希克斯效率在理論上的缺陷也是如今深圳乃至中國改革在實際中的挑戰。

我們回到《示範區實施方案》,其中有兩個方面引人關注:

一是「賦予深圳在重點領域和關鍵環節改革上更多自主權」,這相當於堅持了前文所講的過去改革的第一條經驗,將更多權力和資源下放到自由市場。

二是「授權的永久基本農田以外的農用地轉為建設用地

● 深圳樣本：一座城市的探索

審批事項委託深圳市政府批准」，這是前文講到的第二點產權制度改革。

土地被認為是深圳下一個十年的「瓶頸」。深圳「十三五」規劃劃定了974平方公里的生態控制線和270平方公里的工業用地紅線，合計占深圳土地面積的62%。

深圳住宅用地占建設用地的比例是22.6%（深圳住建局《住房發展2020年度實施計劃》），遠低於全國平均的33%以及國際40%以上的水準。公開數據顯示，深圳的人均居住面積只有19.7平方公尺，低於廣州的25平方公尺，與東京32.4平方公尺、紐約40平方公尺、舊金山46.5平方公尺的水準存在較大差距，僅高於香港的16平方公尺。同時，深圳的房價僅次於香港，房價收入比是全國最高的，高達34.2，超過香港的21（2018年）。

深圳需要著力解決高房價形成的排擠效應和金融風險。解決的根本辦法在土地供應上，即加大居住用地的供給。怎麼解決土地供給？

一是擴大，向數量上發展。

二是改革，向效率上改進。

深圳已建成的面積達到923平方公里（2016年），約占可建面積（1,023平方公里）的90%。從2016年開始計算，如

果不考慮填海等,深圳能夠使用的新增土地面積不超過100平方公里。所以,深圳想要增加住宅供應只能在現有土地上進行優化,主要是城中的農業用地和工業用地改革。

深圳住建局數據顯示,深圳共有1,082萬間住宅,其中城中農業用住房507萬間,占比達到46%。換言之,深圳最大規模的農業用土地及房產,因受制於產權,無法上市自由流通。這部分土地資源的效率還有待改進。

《示範區實施方案》將城中農業用土地改革的權力下放到深圳政府。

很多人猜想,深圳政府是否會大量改造城中的農業用地,為市場供應大規模的居住土地,解決深圳的住房問題?

03 突破方向 未來改革的思維切換

這是一個很好的案例。這時,我們可以思考制度變遷是否遞減。

經濟學告訴我們,任何人都是在邊際上做選擇的。改革是有成本的,是否改革、如何改革取決於改革的邊際效益和邊際成本之間的平衡。當邊際效益大於邊際成本時,改革才會進行,並出現卡爾多-希克斯效率。

深圳城中農業用地改造同樣需要權衡幾個問題:一是城

深圳樣本：一座城市的探索

中農業用的集體土地如何處理產權；二是改革的動力是什麼；三是改革的邊際效益是否大於邊際成本；四是城中農業用土地用於保障房（社會住宅）建設還是商品房（國民住宅）建設。這就是改革的卡爾多 - 希克斯效率到今天面臨的問題。

2023 年，深圳計劃建設籌集保障性（社會住宅）住房 18.5 萬間。要實現這一目標，需要大量改革城中農業用土地，並用於建設大規模的保障性（社會住宅）住房。

如今深圳城中農業用土地價值連城，保障性（社會住宅）住房建設的效益如何覆蓋城中村農民的機會成本？這也是過去幾年深圳改革的難題。深圳改革的難題說明卡爾多 - 希克斯效率在遞減。與城中農地改革相比，活化閒置的工業用地，將其改造為居住用地或住房的難度要小一些。比如深圳北環一帶的原工業廠房、倉庫及工業宿舍正在逐步改造。在這一領域的卡爾多 - 希克斯效率依然存在。

1980 年代的深圳土地拍賣促進了相關法律的修改。當時的改革具有足夠大的預期利益促進位度變遷。如今《示範區實施方案》頒布，引起了人們對深圳的期待，以及對改革開放的進一步期待。深圳能否再次推動制度變遷？

從根本上說，如今的改革需要解決卡爾多 - 希克斯效率遞減的問題。

理論上，如果交易費用為零，卡爾多-希克斯效率可以晉升為帕雷托效率。改革的關鍵是最大限度地降低交易費用。

我們可以做個比較：過去的改革可以理解為縣際競爭＋卡爾多-希克斯效率。這是過去經濟成長的動力所在。

張五常在《中國的經濟制度》中提出縣際競爭。所謂縣際競爭，是指以縣政府為主體的相互競爭的發展模式。在稅收包幹制和政治績效激勵下，縣際相互競爭，其中縣政府是主力軍、發動機，比如招商引資、投資基礎建艦、國營企業改革，創造了卡爾多-希克斯效率。這就是改革的動力。

當卡爾多-希克斯效率出現遞減時，未來的改革應該從特區模式到上層制度安排，從卡爾多-希克斯效率到帕雷托效率，從縣際政府競爭到企業家競爭。其中的關鍵是，上層制度安排創造低交易費用的全國性的乃至全球性的自由市場，讓企業家、農民、科學家、工程師、工人發揮作用。

以土地改革為例，破解現有的難題需要上層的土地制度改革。

還有央行的信貸政策基本決定了房地產領域的效益。如果信貸政策持續寬鬆，現有房地產的效益持續擴大，土地改革的卡爾多-希克斯效率就更低。

所以，只有上層推動土地制度改革以及管控信貸，才能將土地及房地產回歸自由市場，實現企業家競爭和帕雷托效率。當然，政府依然需要建設大量的保障性（社會住宅）住房。

又如國際競爭關係。深圳作為一個開放型城市，不僅貿易依賴國際市場，資訊、技術、資本都依賴國際市場。國際市場給深圳帶來經濟成長表現在以下兩個方面：

一是經濟全球化下的產業分工。

根據斯密定理，市場規模深化勞動分工，促進技術進步。國際市場是一個產業分工更加精細的大市場，任何國家加入國際市場，本身就意味著在更高級別的產業鏈中競爭與合作。這就是斯密式成長。

以蘋果手機為例，蘋果手機的大量組裝及配套在中國完成，中國形成了以蘋果手機為核心的高標準、高效率的產業供應鏈。深圳加入國際電子市場，形成了強大的電子製造產業。深圳的生物醫藥產業在國內具備競爭力，其中75%是醫療器械，而不是生物製藥。

為什麼？是因為深圳的電子製造能力強。

二是經濟全球化下的技術轉移。

技術轉移，是過去中國經濟高速成長的關鍵所在。但

是，技術轉移的前提是經濟全球化下的產業分工。技術轉移有幾種途徑：一是資訊在自由市場中的自然傳播，這是經濟的外部性；二是商業化技術轉讓；三是國際產業分工的投資合作及供應鏈關係；四是「做中學」，在學習中創新。

深圳，是中國開放型城市，也是創新型城市。對外貿易越大，越融入國際市場，越能夠獲得國際技術的輸入。技術進步帶來的成長，我們稱為羅默式成長。

但是，這裡存在兩個問題：

一是深圳能否深度參與國際市場，企業家能否在國際市場中自由競爭，取決於國家層面的經貿秩序。

國內制度在變遷，國際制度也在變遷。當今國際秩序需要解決制度上的「米德衝突」[16]，創造更好的國際環境，深圳可深度參與國際市場，實現分工精細化和技術創新。

二是國際技術轉移帶來的新技術，相當於外部變數，這是新古典主義正規化。羅默式成長將技術納入內部變數，技術內部的途徑是學習及創新，根本上還是制度。在諾斯看來，制度變遷比技術變遷更重要，因為制度為技術創新提供條件。

所以，國家制度變遷需要為技術創造內部條件，包括低

---

[16] 由英國經濟學家米德提出，指的是在固定匯率制度下，國家會面臨外部國際收支平衡與國內經濟成長、就業之間難以兼顧的衝突。

泡沫的金融市場、基礎教育及良好的國際技術環境等。

諾斯提出了國家制度變遷的兩個路徑：一是租金最大化；二是降低交易費用促使社會產出最大化，從而使國家稅收最大化。前者租金型經濟導致卡爾多 - 希克斯效率遞減，進而阻礙了制度變遷；後者制度變遷帶來經濟效率。

所以，從卡爾多 - 希克斯效率遞減到帕雷托效率，是中國改革突破的關鍵。

參考文獻

[1] 張五常 . 經濟解釋 [M] . 北京：中信出版社，2015.

[2] 張五常 . 中國的經濟制度 [M] . 北京：中信出版社，2017.

[3] 艾瑞克·弗魯博頓，魯道夫·芮切特 . 新制度經濟學 [M] . 姜建強，羅長遠，譯 . 上海：上海人民出版社，2012.

[4] 曼瑟爾·奧爾森 . 國家的興衰 [M] . 李增剛，譯 . 上海：上海人民出版社，2007.

[5] 道格拉斯·諾斯 . 制度、制度變遷與經濟績效 [M] . 杭行，譯 . 上海：格致出版社，2008.

深圳發力新基建

近年來，新基建（新型基礎設施建設）成為財政政策施力點的一大指標。新基礎建設與當前中國追求高科技的訴求高度契合。

本部分從總體經濟分析框架出發，探索到個體經濟邏輯，分析資本在技術創新中的作用，試圖為一般性經濟成長提供一些啟示。

01 穩成長，靠什麼？

從總體經濟學的角度來看，或者按照過去的經驗來看：

首先，消費預期轉弱，市場需求收縮。國家統計局釋出的數據顯示，2023 年 7 月，社會消費品零售總額 36,761 億元，同比成長 2.5%。其中，除汽車以外的消費品零售額 32,906 億元，成長 3.0%。

可見，消費難有起色。

其次，房地產施力的空間不大、難見起色。根據國家統計局釋出的數據，2023 年 7 月，房地產開發投資額為 9,167 億元，同比下滑 18%。7 月商品房銷售面積為 7,048 萬平方公尺，同比降幅縮小至 24%，為 2012 年 4 月以來最低。商

品房銷售額為7,358億元，比2022年4月的歷史最低點8,100億元還低，跌至2015年的水準。穩經濟有穩房價、穩地價、穩預期的需求，但去槓桿、防範風險的壓力依然很大。

再次，出口。2021年出口製造一枝獨秀，是經濟成長的主要領域。但是隨著外需疲軟，出口增速大幅放緩趨勢難擋。2023年上半年，中國出口金額達到1.66兆美元，同比下滑3.2%。

又次，製造業投資增速緩慢，兩年平均增速基本轉正。內外需求均有待發力，製造業投資增速很難再度提振。

最後，基礎建設投資邊際遞減，傳統基礎建設的投資空間不大。

近年來，中國基礎建設投資成長速度明顯下滑。2015～2017年，基礎建設投資處於高成長期，年均成長率約15%。2018年開始明顯下降，基礎建設投資成長率在4%左右，2020年降到3.4%左右。同時，基礎建設需求下降，基礎建設投資對經濟的拉抬作用也在遞減。中信證券研究部的研究數據顯示，截至2017年末，單位基礎建設投資對GDP成長的拉抬作用已由2004年的9.30降至2017年的4.69，縮減幅度近50%。

最近幾年，基礎建設投資對經濟成長的拉抬更弱，投資

報酬率更低;反過來,基礎建設擴張增加了地方債務風險。

透過以上分析,綜合來看,經濟穩成長,靠什麼?

從總體經濟學的角度來看,房地產、製造業的投資成長空間有限,出口將平緩回落,內需持續穩定,估計還是從財政政策入手,繼續擴大基礎建設。

過去,財政政策的方向主要在基礎建設投資上,但如今基礎建設投資的空間有限、風險上升。2021年地方特定債發行進度緩慢,為什麼?

特定債主要用途是基礎建設,基本是傳統基礎建設。

地方政府考慮到傳統基礎建設的重複投資風險、基礎建設過剩的風險,降低了發行特定債的意願。同時,一些傳統基礎建設沒能通過財政部的審批。如果傳統基礎建設的有效投資不足,那麼,未來擴張的特定債投向哪裡?

傳統基礎建設肯定還是重點,但一個新方向就是新基礎建設,即適度超前開展基礎設施建設,支持投資高品質基礎建設。

什麼叫新基礎建設?鐵路、公路、機場、港口碼頭、隧道等「鐵公基」屬於傳統基礎建設。一般來說,將以資訊網路為基礎、技術創新為驅動的基礎建設定義為新基礎建設。《深圳市關於加快推進新型基礎設施建設的實施意見(2020～

2025 年）》將新基礎建設定義為：以新發展理念為引領，以技術創新為驅動，面向高品質發展需求，提供數位轉型、智慧更新、融合創新等服務的基礎設施體系，具有數字驅動、技術回饋、產業賦能等特點，主要包括資訊基礎設施、融合基礎設施和創新基礎設施三大類。比如，5G 通訊網路、城際高速鐵路和城際軌道交通、新能源汽車充電樁、大數據中心、人工智慧、工業互聯網。除此之外，還有積體電路、量子資訊、物聯網、智慧駕駛、工業機器人、氫燃料、新材料及航空航天等領域的基礎研究。

從規模來看，新基礎建設的比重目前比較低。國泰君安的研究數據顯示，2020 年中國 13 個省（自治區、直轄市）總金額為 17.6 兆元的基礎建設投資專案（PPP 專案）中，傳統「鐵公基」專案是重點，約 7.1 兆元，占比接近 41%。而新基礎建設（資訊網路建設、光電、充電樁、生物質能、智慧城市、科技等）不足 1,000 億元，占比只有 0.5%。類新基建專案，如軌道交通、園區開發、垃圾發電等，在 PPP 專案庫中大約為 2.6 兆元，占比 14.7% 左右。二者加總占比不過 15% 左右。另外，疫情之下，人們關注的醫療衛生，只有 3,000 億元左右的專案，占比 1.7%。

2021 年，財政資金也有意識地加大了新基礎建設的投入力度。數據顯示，截至 2021 年 10 月，新基礎建設方面，

太陽能發電裝機量同比成長了 23.7%，風電裝機量累計成長了 30.3%，充電樁保有量同比成長率在 50% 以上。而傳統基礎建設投資成長率緩慢，如道路運輸業投資累計增速僅為 1.2%。

那麼，新基礎建設的施力點應該在哪兒？

02 新基建，如何投？

新基礎建設投資規模相對較小，目前的投資成長率加快。但是，新基礎建設投資依然受到以下幾個方面的制約：

一是新基礎建設受制於技術創新，如氫燃料的加氫站、智慧交通網路、衛星通訊都需要強大的技術支持。但是，中國多數省分並不具備這方面的技術基礎，政府在新基礎建設方面的成案難度很大。

二是新基礎建設的需求尚未爆發。很多新基礎建設屬於「超前」基礎建設，如 5G 網路，如果大規模建設 5G 網路，但是其需求沒能跟進，就容易造成資源閒置。

三是新基礎建設的投資規模大、風險高、週期長、失敗率高，多數地方政府缺乏足夠的資金持續投入，同時難以承受巨大的投資風險，擔憂地方債務攀升後果。

新基礎建設對技術基礎和政府財政的要求都很高，滿足

這兩項條件的有哪些城市？很多人都會想到深圳。同時，與其他城市相比，深圳財政充足，技術力量強，投資新基礎建設的基礎更好。

從實際經濟產值的角度分析深圳經濟，發現深圳的居民槓桿率高增加了經濟泡沫，但政府槓桿率低又抑制了經濟活水注入。深圳對土地財政的依賴度較小，收入多來自稅收。2021年上半年，深圳一般公共預算收入2,352.51億元，其中稅收占預算收入比重為82.9%，而一般公共預算支出2,263.73億元。換言之，僅從政府財政與債務的角度來看，與其他城市相比，深圳還有財政投入的空間，政府更願意釋放財政空間來保底經濟。

2021年底，國家發展和改革委《關於同意深圳市開展基礎設施高品質發展試點的覆函》同意深圳組織（政府）開展基礎設施高品質發展，「打造系統完備、高效實用、智慧綠色、安全可靠的現代化基礎設施體系」。

深圳發表了《關於加快推進新型基礎設施建設的實施意見（2020～2025年）》，提出在三個方面推進新基礎建設，即超前部署資訊基礎設施、更新融合基礎設施和統籌布局創新基礎設施。超前部署資訊基礎設施主要是建設五張通訊網路、四類運算能力設施、三大數位技術設施。更新融合基礎設施主要是對製造、交通、能源和市政舊基礎建設的更新改

造。統籌布局創新基礎設施主要是建設綜合性國家科學中心，爭創國家實驗室，計劃到 2025 年不少於 5 個重大科技基礎設施完成投入使用。

這次批准了 95 個新基礎建設專案，總投資 4,119 億元。這些專案規模較大，而且 2021 年就要落實 1,000 億元左右。其中，5G 網路、衛星通訊、運算能力設施等資訊基礎設施 28 個，總投資 2,452 億元，占比 59.5%；積體電路、8K 超高畫質、生物醫藥等創新基礎設施 42 個，總投資 1,,016 億元，占比 24.6%；智慧製造、智慧能源、智慧交通等融合基礎設施 25 個，總投資 651 億元，占比 15.8%。從這批基礎建設專案占比來看，深圳在資訊基礎建設方面的投入是最大的。

深圳在資訊基礎設施方面的技術累積較為豐富。深圳的電子產業規模龐大、市場效率高、技術密集度大，在 5G 通訊、人工智慧、晶片設計等技術上相對國內城市有優勢。同時，在技術累積的基礎上，資訊基礎設施投資風險更低、投報率更高。牛津研究院和華為的《數字溢位》報告顯示，數位技術投資報酬率是傳統的 6.7 倍。

但是，我們也需要關注兩個問題：

一是資訊基礎設施屬於「超前部署」，也面臨投資週期長、投資風險大的問題。如何避免新基礎建設投資過剩？如何降低財政投入的風險？

深圳樣本：一座城市的探索

二是融合基礎建設和創新基礎建設，需要投入的資金規模較大，要求技術累積較多，而深圳在高階晶片、基礎軟體、關鍵材料、重大裝備、工業機器人、核心零元件、先進積體電路和生物製藥等方面的技術水準有限。如何解決資金問題？如何支持長週期的高風險投入？

深圳透過特定債、政府投資基金、公募REITs、國有商業銀行貸款等方式融資，深圳市國資委還專門成立了新基礎建設投資公司，啟動國營企業力量投資新基礎建設。數據顯示，截至2021年6月末，深圳6家大型銀行新基礎建設貸款餘額達996億元，較年初成長16.8%。

但是，在這次批准的95個新基礎建設專案中，政府投資的專案是61個，總投資1,672億元，占比只有40%。另外34個專案，由社會投資，總投資為2,447億元，投資占比60%。可以看出，政府投入的資金不算主力，社會資本才是主力。當然，目前還不清楚，社會資本是怎麼進入的。但是，這給我們一個啟發：重大技術專案，包括新基礎建設，如何投資？

過去的想法是，重大技術專案由政府投資。但是，我們需要清楚地了解這種投資方式：

一是從現實結果來看，中國在石油、電信、航空、電力等重要技術領域都是國營企業投資，在這些領域投入了不少

財政資金,但到目前為止,與國際先進技術還存在距離。

二是從一般邏輯來看,由於缺乏競爭機制和價格機制,公共資源分配的效率偏低,使得重大技術創新不足。一般性邏輯打破了技術凱因斯主義的幻想。

從經濟學角度來看,自由市場的價格配置效率更高,對技術創新尤其是重大技術創新的支出力度更強。這與很多人的觀念不同。

事實上,繁榮的資本市場,發達的融資市場,才可能孕育出革命性的技術創新。現實中,我們找不到一個資本市場萎靡、技術還保持全球領先的非開放性國家。

當然,這並不是說政府什麼都不做。接下來,我們會講到,在新基礎建設的投資中,政府該做什麼,市場如何發揮作用。

03 高科技,靠誰投?

近年來,中國一直在探求重大技術創新,但是,這些技術從哪裡來?技術創新需要制度、人才、企業家,也需要投資。投資,來自政府財政,更多的是來自資本市場。

資本市場是如何支持重大技術創新的?這裡需要理解一個概念——迂迴生產。迂迴生產是奧派第二代傳人龐巴維克

深圳樣本：一座城市的探索

提出的理論。它的意思是，先投資生產材料，然後用生產材料去生產商品。

比如，直接生產就是徒手捕獵，迂迴生產就是買一把槍、練好槍法，然後去打獵。迂迴生產需要資本支持。英國經濟學家傑文斯也解釋過，購買生產材料、製造工具需要資本，迂迴生產的週期比較長，也需要資本支持。

迂迴生產的好處是可以提高經濟效率。徒手捕獵和用槍打獵，哪個效率更高？毫無疑問，用工具去生產商品可以提高效率。迂迴生產可以促進帳工（分工）精細化和技術創新，最終提高效率。這就是古人常說的「磨刀不誤砍柴工」。理論上，資本規模越大，能夠支持的迂迴生產週期越長，分工越精細，技術越先進。這個邏輯就解釋了資本對技術創新的作用。

如今這個世界的經濟活動是由一組組相互交錯的迂迴生產構成的經濟網路。企業家是迂迴生產的組織者，他們使用資本購買原材料、廠房設備，支付工人薪資和銀行利息，買斷了未來的收益權，也承擔著所有的風險。為了降低投資風險和促進利潤增加，企業家想辦法創新技術、創新產品。但是，技術創新，尤其是重大技術創新，又要求企業家擴大投資、追加資本，促進迂迴生產更加精細化、專業化。這反過來又增加了企業家的投資風險。怎麼辦？

深圳發力新基建

在重大技術專案上，企業家也會想辦法轉移風險，具體辦法就是引入資本，主要是風險投資。所以，在高投入、高風險、長週期的迂迴生產中，如網際網路、航空航天、網路通訊、新能源汽車等重大技術專案，資本市場發揮關鍵的作用，風險投資是支持迂迴生產的核心資源。

假如你開了一家餃子館，投入了幾十萬元從事迂迴生產，購買設備，租賃店面，僱用工人，你的經營核心是選好店面，做好餃子，服務好顧客，但不需要引入風險投資。假如你像馬斯克一樣造火箭，這是一個長週期、高風險的迂迴生產，你需要不停地融資。透過持續投入大規模的資本，促進帳工（分工）精細化和技術創新。

當然，風險投資也會規避風險，早期的投資人，如天使投資人，他們會在後面的融資中逐步退出，而後期的投資人則謀求企業上市，在股票市場中完成套利退出。所以，資本市場是支持整個迂迴生產的最重要的出口，也是最主要的資本來源。只有發達的資本市場才能夠支撐起高投入、高風險、長週期的重大技術專案，就像貝佐斯創立亞馬遜後長期虧損，馬斯克接手特斯拉後也長期虧損，但是一輪輪風險投資和股票市場為他們提供了大量的研發資本。

回到新基礎建設。在新基礎建設專案中，一些偏向於公共財，如衛星通訊、智慧交通網路；一些偏向於私有財，如

積體電路、生物製藥。政府需要投入的是公共財方面的新基礎建設，尤其是加大研究性院校、國家實驗室、基礎科學方面的投入。而私有財方面的技術專案，可以交給社會資本，透過資本市場來支持技術創新。後者是本部分要關注的重點。

有些人可能會提出，很多新基礎建設專案，社會資本不敢冒險，只能政府先投入。而且，基礎建設應該適度超前，因為基礎建設會產生規模經濟，然後帶動產業興起和私人資本。比如，高速公路。汽車與公路相互促進，政府如果不修路，那麼汽車產業難以發展。反過來，政府修建高速公路，可以大大促進汽車生產與消費。1930～1940年代，美國政府大規模修建公路網路，大大刺激了燃油車的崛起。公路網路建成後，燃油車的續航優勢明顯強於電動車，吸引了美國家庭採購。

但是，這是我們在事後看待這個問題。社會資本不敢冒險的專案，政府投入也同樣存在巨大的不確定性。比如，充電設施。如今發展新能源汽車，政府建設更多的充電設施，可以促進電動車消費。問題是建哪一種充電設施？是鋰電池設施，還是氫燃料電池設施？目前，在新能源的競爭上，鋰電池和氫燃料電池還沒分出勝負，爭議很大。日本押寶氫燃料電池，特斯拉使用的是鋰電池，馬斯克抨擊氫燃料電池是花冤枉錢。中國過去以鋰電池為主，但最新政策加大了對氫燃料電池的支持力

度。有人說，兩種電池的設施都建。問題是，一個加氫站的投入費用，按照美國加利福尼亞州能源局的數據，達到 200 萬～300 萬美元。這個投入金額非常大，萬一選錯邊，投資風險極大。這裡還不包括技術研發失敗的風險。

其實，能源沒有新舊之分、基礎建設沒有新舊之別，端看是否有經濟效益。判斷效益、配置風險最好的辦法就是交給市場。

讓資本市場去配置風險。風險的本質是什麼？風險不僅僅是不確定性，如果風險是不確定性，誰還會去冒險？企業家為何去從事迂迴生產？為什麼會有保險公司？風險其實是一種不確定性的權益。資本市場透過價格合理地配置這種權益。技術工程師、企業家、天使投資人、風險投資人、股票市場的投資人，每個人的風險偏好不同、風險承擔能力不同，資本市場讓技術工程師安心作研發，讓企業家專注於經營、追求利潤，讓能夠承擔高風險的人（如風險投資人、股票市場的投資人）主要承擔投資風險，同時他們在投資上更專業、更可能獲得投資效益。

重大技術創新專案本身是一個高失敗率的投資。即便投資失敗，風險也可以安全落地。技術工程師不至於負債累累，失敗的企業家不至於個個都成為「賴皮」。這樣，技術專案失敗的風險不會過度蔓延，社會對企業家的失敗、技術的

深圳樣本：一座城市的探索

試錯會給予更多的寬容。

反過來說，如果資本市場萎靡，投資政策不穩定，就會抑制技術融資，阻礙技術創新，尤其是重大技術創新。很多大專案需要一波波投資支持，如果資本市場的管道不穩定，風險投資可能不足，技術研究便戛然而止。創業者、企業家成為「賴皮」，誰還敢投資技術專案？誰還敢創業創新？近年來，中國出現了一個新詞叫「企投家」，即企業家與投資家的合體。這說明企業家的才能應時而變、更加多元，但它也更可能是資本市場不夠繁榮的產物。融資市場不夠發達，不足以支持分工更加精細化，企業家不得不擔任投資家的角色，同時也攬了投資家的風險。專案一旦失敗，這些企投家能承擔風險嗎？

深圳發展新基礎建設，在資本市場上具備一定優勢，但是，與那斯達克、香港比起來，還有一定距離，很多資訊科技企業都是去海外市場上市融資。深圳「要發揮資本作為生產要素的正面作用」，需要做大資本市場，強化融資政策的穩定性。當然，不是不管資本市場，而是強化法律管理，打擊非法融資割韭菜。

人類星辰大海的夢想，建立在繁榮的自由市場之上。經濟成長靠什麼？財政要發力，政策要發力，但不是需求端，而是供給端，將更多的資源與權益釋放到市場中。

引入市場競爭機制,大力啟用社會資本。深圳在電子資訊等市場領域,技術和資本累積豐富,政府可以更好地藉助市場發展新基礎建設。

◆ 深圳樣本：一座城市的探索

深圳的虛與實

這些年，深圳正在從「速度」向「品質」發展。一些季度，GDP 成長率在一線城市裡落後，都會引來討論。

有些人不擔心短期的成長率下降，更關注長期的高品質成長；認為深圳在政府財政、城市治理、科技資源、人才吸引力、資本市場、創新創業文化等方面優勢明顯，這些優勢是這座城市持續發展的動力。不過，一些人對此感到擔憂，認為高房價降低了深圳的人才吸引力，提高了中小企業的成本，抑制了創業創新氣氛；同時，取而代之的大型企業，如華為、恆大，也陷入各種不同的困境，對經濟產值及周邊產業鏈打擊較大。

這座改革開放的標竿城市，進入「不惑之年」，正給人帶來諸多困惑。深圳，是虛是實？

本部分試圖探索深圳的虛實與城市發展的邏輯。

01 規模的虛實

近年來，越來越多的人意識到「不能簡單以生產總值成長率論英雄」。深圳很早就提出了從「深圳速度」向「深圳品質」轉變，追求城市的高品質發展。但是，經濟成長率下

深圳的虛與實

降，深圳決策者還是有危機感的。

不以 DP 論並不是說經濟成長不重要，其真正含義是關注實際 GDP，而不是名義 GDP。從靜態的角度來看，經濟總量的表現如何，我們需要分析通膨、環境損失和政府債務。怎麼理解？假如兩座城市的經濟總量相同（其他指標也相同），但是一座城市的政府負債率很高，另一座城市的政府負債率很低，那麼前者的經濟泡沫更大，後者的經濟成長更穩健。一座城市想要在短期內把名義 GDP 做大，政府可以借債大量投資基礎建設，但這座城市的實際經濟總量並未增加多少，反而滋生了債務泡沫風險。

我們從實際 GDP 看深圳的經濟，這個角度可以看出一個國家、一座城市的經濟是否存在養分，即透過泡沫看經濟。1990 年泡沫危機後，日本經濟長期低迷，其實也是在擠壓過去的泡沫。關注真實的經濟以及真實的成長，我們需要扣除通膨、環境損失和政府債務三個因素。在環境損失方面，深圳有明顯的優勢，經濟成長帶來的負外部性應該比其他城市少。這裡主要看政府債務和通膨這兩個指標。

先看政府債務。深圳是政府負債率最低的大城市。以政府負債率（政府債務／財政收入）來衡量，深圳的政府負債率是 6.8%，處於全國城市中最低水準。廣州是 19%，上海是 22%，北京是 30%。

深圳樣本：一座城市的探索

貴陽、哈爾濱、昆明、天津、南京、西安、武漢、重慶、蘭州、成都等均超過40%。當然，深圳是財政計畫獨立市，不需要向廣東省上繳稅收，稅收留存更加寬裕。

與其他城市相比，深圳的財政狀況更加健全，債務風險更低，隱性債務全部清零（官方宣布），土地財政依賴度較低，稅收和社保的繳納規模大。以2019年土地財政依賴度為指標，深圳的土地財政依賴度只有19%，在全國大城市中處於最低水準。上海是28%，北京是29%，廣州是107%；另外，溫州、昆明、福州、杭州、太原、合肥、武漢、南京、西安、佛山、鄭州均超過100%。

深圳的財政收入不靠賣地，主要來自稅收收入。2020年，深圳一般公共預算收入為9,789億元，而政府性基金預算收入僅為1,262.5億元。截至2020年底，政府債務限額1,179.5億元，償債壓力不大。

另外，2020年深圳社保基金收入累計結餘7,245億元。

近年來，一些城市大力使用財政手段刺激經濟成長，尤其是一些新興城市。這種成長的結果是政府負債率高升，同時催生龐大的隱性債務。

可以看出，深圳的財政健全、負債率低，GDP中的政府債務泡沫沒有那麼大，同時，財政政策的空間比較大。關鍵的問題是，財政該如何使用，如何使用才有效率。如果實施

深圳的虛與實

財政刺激政策，可以在短期內把名義 GDP 拉上去，但這是不可持續的；如果實施中小企業減稅政策，啟用市場活力，可以促進經濟成長；如果提供更多的公共財，大規模建設社會住宅，降低市民的居住成本，補齊公共醫療、高等教育的不足，能夠促進城市持續發展。

再看通膨指標。這個指標對深圳是不利的，政府債務給深圳經濟去泡沫，但通膨指標相當於給深圳經濟加了泡沫。這怎麼理解？

我們更多關注的是一個國家的通膨，很少討論城市的通膨。通膨是貨幣超發引起的一種經濟失衡，貨幣超發由中央銀行控制。總體經濟學家通常用消費者物價指數來表達通膨水準。從這兩個角度來看，我們很難判斷深圳的通膨與其他城市有什麼不同。其實，如今的消費者物價指數難以反映通膨水準，深圳與北上廣、其他一線城市的物價差別不大。在中國，多數信貸都流入了房地產市場，房價可以更好地反映通膨問題。房地產市場的通膨越高，房地產的泡沫越大，這座城市的經濟泡沫越嚴重。

如何判斷一座城市的房價是否存在泡沫？

以 2021 年的房價收入比（房價／居民可支配收入）為指標，深圳的二手房均價是 8.98 萬元／平方公尺，居民可支配收入為 6.48 萬元，房價收入比為 1.38，北京的房價收入

深圳樣本：一座城市的探索

比為 0.95，上海的房價收入比為 0.85，廣州的房價收入比為 0.63。可以看出，深圳的房價收入比高於北上，是廣州的 2 倍。深圳與廣州的居民可支配收入差距不大，但是深圳的住宅平均價遠高於廣州。

深圳是一座金融城市，房產是這座金融大廈的基礎性資產。房產透過金融槓桿可以做大金融資產，高房價在金融市場上可以催生更大的經濟泡沫。比如，深圳老闆小明早年借貸買房，房貸還沒還完，但房價已翻了好幾倍，銀行又以經營貸的方式給他做二胎貸款。小明拿到低利息的 300 萬元信貸，然後投入到理財產品、股票市場上。深圳像「凱因斯」這種老闆並不少，他們可以用正在借貸的房產獲得一筆貸款，放大槓桿做投資。深圳很多房子都抵押出去了，房價上漲和信貸槓桿給市場提供大量的資金，這些資金進而擴大了金融資產和經濟規模（名義上）。

深圳的住戶槓桿率在一線城市中也算高的。根據中國人民銀行的數據，2022 年，深圳人民幣貸款餘額中住戶貸款餘額為 2.87 兆元，存款為 2.70 兆元；上海的情況與深圳相反，住戶存款遠高於貸款。上海同期住戶貸款為 2.97 兆元，存款達到 5.10 兆元。

所以，房地產泡沫，以及透過高房價加槓桿形成的金融泡沫，是深圳需要關注的風險。

深圳的虛與實

深圳市政府較低的負債率展現了經濟「實」的一面，但是，居民槓桿率高。換言之，深圳政府製造的債務泡沫較少，但是高房價和居民槓桿給深圳經濟注入了不少債務泡沫。

這就是深圳經濟的虛與實。

02 成長的虛實

前文是從靜態的角度看深圳經濟規模的虛實。如今，更多人關注深圳的未來。下面，我們從動態的角度，看深圳經濟成長的虛實，即深圳真實的經濟能否持續成長。

其實，從 2012 年開始，經濟學界開始大量討論中國經濟成長率的問題。有學者提出了「換檔降速」的觀點，認為「新 5% 比舊 8% 好」。這種觀點基本上是從歷史主義出發，對比日本、韓國、巴西、阿根廷、俄羅斯等國家的經濟成長軌跡，得出一個結論：一個國家的經濟隨著時間的推移，其邊際成長會逐漸下滑，目前中國進入了「換檔降速」階段。

這種觀點有一個通俗的類比：人類在 100 公尺賽跑時跑進 10 秒後，邊際速度的提升則迅速放緩。一個國家經過了快速成長期，經濟基數增大，成長空間不足，經濟成長率便下滑。

深圳是不是這種觀點的典型案例？在過去 40 多年，深圳

是全國經濟成長率最好的城市,如今成長空間不足,邊際成長衰退,成長率下滑比其他城市更快。

經濟學的邏輯並不支持這種歷史主義的觀點。假如技術水準不變,投資邊際效率會遞減,經濟成長率會逐步衰退。但是,經濟之所以能夠持續成長,是因為人類改變了技術水準,透過技術創新推動邊際遞減曲線右移。

我們再用這種邏輯去看歷史。

在先進國家,如英國、美國,過去幾百年間,技術革命推動著經濟持續成長。西元 1860～1914 年是美國的黃金時代,第二次技術革命促使美國工業崛起、經濟高成長。二戰後的 20 年以及「大緩和」的 20 多年(1984～2006 年),航天航空、核能、生物技術、半導體及資訊科技促使美國經濟較快成長。

開發中國家,在二戰後的 1960～1970 年代,引入歐美國家的技術和資本,經濟迅速「起飛」。歐美國家累積了幾百年的工業與資訊科技,以及大量的國際資本,短期湧入這些國家,這些國家出現一種集中式的高成長。我們把這種現象稱為「經濟騰飛」,墨西哥、巴西、阿根廷、泰國、菲律賓、馬來西亞等都出現過這種現象。但是,當國際資本和技術轉移的紅利衰退,自主技術創新不足,這些國家的經濟迅速落入了「中等收入陷阱」(發展中國家經濟發展到一定規模後,

經濟成長變緩,停留在該經濟水準。)。

還有一類開發中國家,如日本、韓國,它們在二戰後也享受了大量的國際技術轉移的紅利,但其自身技術創新也逐步跟上,擺脫了這一陷阱,經濟持續成長,不過經濟成長率也有所下降。這是因為國際資本與技術轉移的紅利可以引發集中式、爆炸式成長,而自主創新推動的成長相對平緩、平滑。當紅利逐漸消失,成長更需依賴技術創新。這可以理解為「換檔降速」。後來,日本的成長終結於1990年的泡沫危機,韓國的成長則被2008年的金融危機打斷。

所以,經濟成長率下滑論是否成立,不取決於歷史經驗和100公尺賽跑的邏輯,不取決於哪一類國家,而是取決於技術能否持續創新。

我們再看深圳的成長軌跡。深圳是中國享受國際技術和資本轉移最多的城市。從1980年代開始,實施改革開放政策的城市不少,但是深圳發展得最好。這與香港有莫大關係。香港是國際資本與技術轉移的重要管道,深圳的第一批投資、第一批生產線均來自香港。假如深圳過去40多年的高成長主要受惠於國際資本與技術轉移紅利,那麼如今紅利逐步衰退,深圳的經濟也自然降速。這個判斷基本上沒什麼問題。

問題是,下降的速度是像阿根廷、墨西哥、泰國一樣斷崖式下跌,還是像韓國一樣「換檔降速」?我們需要看一個關

深圳樣本：一座城市的探索

鍵因素，那就是深圳的自主創新能力是否能夠在紅利衰退時逐步跟上。

深圳，被認為是國家創新型城市，是世界創新創意之都，匯聚了大量的科技企業與技術人才。比如，2020年深圳全社會研發投入占GDP的比重為4.93%；又如，深圳的國際專利申請量長期居全國城市首位。

除了這些標準不一的指標，有一個邏輯是相對可靠的：市場化的技術創新。什麼意思？

與北京、上海、西安、武漢、廣州不同，深圳原來並沒有科技的基礎，沒有大學、科學研究基地、國家實驗室，也沒有大型國營企業研究機構。深圳的企業善於「做中學」，從國際技術轉移中模仿、學習、改進和創新技術。這種方式前些年被詬病為「山寨模式」，典型的案例就是山寨機。但是，山寨機很快就消失了。這是為什麼？深圳的電子工廠很快就學會了手機製造，成本下降，品質提升，一些國產手機開始出現。電子技術的持續更新促使深圳形成了一個巨大的產業網路。後來，醫療器材、無人機、直播設備、新能源汽車電子配件等與電子相關產業在深圳興起都得益於此。

這些年，深圳積極引入大學，但基礎科學非一日之功，與北京、上海相比，依然比較薄弱。深圳的優勢還在技術市場化，企業善於技術轉化，最典型的是深圳與北京的合作。

深圳企業將北京大學、研究院、科學研究所的科學研究成果轉化為技術與產品。這些年，深圳市政府非常重視技術轉化。

如果國際資本和技術紅利衰退，深圳的爆炸式成長也會下降，但市場化的技術創新可以維持一定程度的成長。後者決定了這座城市的未來。其實，高速成長與高品質的成長並不相悖，從長期來說，持續的成長絕對是基於技術創新的高品質成長。

但是，關鍵的問題是，深圳的市場化技術創新能否維持？

03 城市的虛實

有人認為，深圳的技術創新可以維持。理由是，深圳是一座年輕的城市，每年有大量的大學畢業生、優秀人才揮師南下。

根據第七次全國人口普查結果，2010～2020年，深圳人口增加了713萬人，目前常住人口達到1,756萬人。其中，15～59歲人口為1,396萬人，占79.53％。從每10萬人中擁有大學教育程度的人口數來看，與2010年相比，深圳由17,545人上升為28,849人，分別比全國、廣東省平均多出13,382人和13,150人。比如，福田區40％的常住人口擁有大學學歷。全國前20強大學的畢業生，超過20％投奔深圳。

深圳樣本：一座城市的探索

深圳依然是全國人口吸引力、人才吸引力最強的城市，源源不斷湧入的人才是深圳技術創新的基礎。除了人才吸引力，深圳對資本、企業、企業家的吸引力也很強。這些年，深圳引入了一批企業總部。

但是，如今這些成長放緩的跡象也不少見。比如，不少工廠從深圳遷移到東莞、惠州以及其他城市。其中，還有奧林巴斯、艾默生等外國企業、技術型企業。當然，深圳的人才資源還有優勢，很多企業是不願意遷移的。外遷主要有兩個原因：一是房價和租金太高，進一步提高了僱傭成本；二是產業更新、轉移的政策推動。深圳過去 10 年來保住了工業用地「30%」的紅線，充足的工業用地就是為了吸引更多的大型企業、技術型企業入駐。

現階段，正是城市產業更新、轉型艱難期：小工廠、小企業減少，產值規模萎縮；一些入駐的大型企業、企業總部，如恆大、華為、騰訊、寶能、「坂田五虎」（深圳藍思、澤匯、寶視佳、公狼、揀蛋網這五家跨境電商公司。）等，同樣經歷行業陣痛期，從而也會影響產業鏈上下游產值。

有人認為，深圳正在失去過去的優勢：大量自發的小創業公司、反應敏捷的創新創業。但是，另一種觀點認為，深圳的產業更新、總部經濟是必然趨勢。上海是外企總部，北京是央企總部，深圳要更上一個層次，成為私企大廠總部、

跨國公司創新總部、大灣區總部。

我們可以用一般性的邏輯去思考這個問題。這個一般性的邏輯就是「經濟為何成長」。賽伊在亞當斯密所提理論的基礎上明確將成長之源鎖定在「供給端」。相反，「需求端」製造的債務泡沫，是虛假的成長。供給端如何帶來成長？奧地利學派解釋為人的主觀意圖、行為自由和企業家精神創造了財富；供給學派解釋為減稅、降低市場准入和廢除管制；傅利曼解釋為讓價格自由發揮作用；新制度經濟學派解釋為有效的制度變遷帶來了技術創新。

從一座城市的角度來看，城市的前途取決於治理的有效性，即能否保障市民的生命、財產以及法律賦予的權利；能否最大限度地保障價格自由、公平競爭與多樣性才能的發揮；能否保障和公平分配公共財（住房、醫療和教育）──以政府負債率低為前提。

一個國家、一座城市，最大的競爭力來自治理能力。有效治理的城市與國家，大量移民者帶著資金、技術、思想與夢想來到這裡創業創新，同時培養優秀的下一代。一個有效治理的城市與國家具有強大的自生能力，它鼓勵人的多樣性天賦和企業家才能的發揮。

其實，只要做到以上三點的有效治理，我們不需要過度關注這座城市的經濟是成長還是衰退，發展科技、製造業還

是金融、房地產業，資本用於投資還是消費。

我們用這種一般性的邏輯去理解深圳的虛與實。深圳是一座移民城市，它早期的城市治理，主要是開放性的政策，吸引了很多人來到這裡。經過幾十年發展，深圳的城市治理水準屬於高水準。尤其是第二點，與其他城市相比，深圳的行政效率更高、治理理念更先進，更大程度地開放市場准入，保障價格自由與公平競爭，鼓勵眾多小企業、小人物發揮才能。深圳雖然是一座缺乏傳統文化的城市，但是充滿市場文化。深圳的創新、創意與創業源自這種市場文化、移民文化。這是這座城市「實」的一面，也是其崛起的根本。

但是，深圳的城市治理並不是沒有缺點，深圳的傳統缺點是公共資源不足，國民住宅、醫療和教育與北上廣的差距太大。近年來，深圳加大財政投入補齊不足之處，但是在持續上漲的房價面前，這些不足之處反而被放大，反噬了這座城市的競爭力。比如，高房價帶來的高負債和高租金會減少居民的消費能力；更嚴重的是，會對小企業、小人物創業創新的才能發揮形成抑制和造成扭曲。

其實，深圳的財政富餘、債務負擔小，城市治理上可發揮的空間大，只需要回到城市治理的一般性邏輯上，在土地配置上更加合理與公平，給市民分配更多的居住用地和國民住宅，給眾多小企業、創業企業與大型企業平等的公平競爭

機會。深圳正在利用這一優勢超前基礎建設,短期內可提高經濟數據。但是,從長期來看,深圳應該將財政優勢轉化為市場優勢,對企業和個人大規模減稅,讓市場去配置這筆資金,釋放競爭活力,提高家庭收入。這才是有效的城市治理。

● 深圳樣本：一座城市的探索

思想光芒：大家的智慧啟迪

治學，「博學之，審問之，慎思之，明辨之，篤行之」。

觀大家治學，如晨鐘暮鼓、拂塵之音，往往雄渾悠遠、激盪人心。

相較於其他學科的學者，經濟學家們往往更有趣、入世。他們關注一塊麵包、一棵橘樹的價格變動，也痴迷於絲絲入扣、一絲不苟的邏輯推演。

走近經濟學家，觸碰樂觀、理性的人生之光。

思想光芒：大家的智慧啟迪

賽伊：供給創造需求

賽伊在中國的知名度並不高，但他確實是一位非常重要的經濟學家。他與李嘉圖（David Ricardo）同時代，並被李嘉圖稱為「（歐洲）大陸著作家中首先正確了解並運用斯密原理的人」。[17]

事實上，除了亞當斯密的傳播者，賽伊也有著超越時代的洞見。對效用價值論的思考和應用，讓他提出了能洞悉經濟學本質的賽伊法則。

01 斯密學說的傳播者

賽伊出生於法國里昂的一個商人家庭。他與李嘉圖身處同一個時代，經歷也與李嘉圖類似：年輕時從商，同為活躍的社會活動家。

早年賽伊在英國倫敦的一家商業學校學習，完整學習了經濟學理論。法國大革命爆發後，賽伊積極投身政治，擁護君主立憲派，還一度從軍。賽伊受到了拿破崙的賞識，被任命為法官，後又被派往財政委員會工作。

不過，拿破崙並不認同賽伊主張的自由貿易思想。西元

---

[17] 大衛·李嘉圖．政治經濟學及賦稅原理 [M]．周潔，譯．北京：華夏出版社，2005．

賽伊：供給創造需求

1803年，賽伊出版《政治經濟學概論》，拿破崙要求他修改關於稅收政策的某些章節，以支持他的貿易保護政策。但是，賽伊拒絕修改並明確反對拿破崙的貿易保護政策。拿破崙解僱了賽伊，查封了他的一切著作，禁止賽伊從事學術研究，並派他去擔任海關稅收徵官員。

賽伊不服從拿破崙的命令，與人合夥創辦了紡織廠。

從波旁王朝開始，賽伊先後在法國一些大學教授政治經濟學、傳播斯密的學說，直到1932年在巴黎去世。

身為法國人的賽伊，在歐洲大陸系統化、通俗化傳播、解釋斯密學說。

賽伊在歐洲經濟學史上的地位很高，屬於古典政治經濟學的集大成者。在凱因斯出現之前，賽伊一直是歐洲古典政治經濟學推崇的標竿。

賽伊為何有如此大的影響力？從其著作《政治經濟學概論》中便可得到答案。這本書研究範圍廣泛，為古典政治經濟學史冊上一本經典著作。

賽伊的與眾不同之處是，他對古典政治經濟學的解釋總能一針見血。李嘉圖學說像「降龍十八掌」，場面宏大、雄渾有力，而塞伊法則則像「六脈神劍」，乾脆俐落、直達本質。

而且，賽伊或許是最了解斯密學說的一位經濟學家。他將斯密的學說吸收後，用最為簡潔明瞭的語言向人們傳達。

◆ 思想光芒：大家的智慧啟迪

《政治經濟學概論》也因此成為古典政治經濟學中最為通俗易懂的書籍之一。

在賽伊看來，亞當斯密的《國富論》頗為晦澀難懂，有些地方過度擴展導致資訊巨大卻不著邊際。於是，他將亞當斯密龐雜的學說簡單地概括為財富的生產、財富的分配、財富的消費三部分。這就是經濟學著名的三分法。

賽伊透過自己的語言來表達對斯密學說及古典政治經濟學的理解，讓人耳目一新。

比如，賽伊論述協調，勞動、資本與自然資源如何協調合作，如何加入到生產之中。實際上，他描述了一個迂迴生產的過程，相當於說明了市場分工與協調的內在邏輯。

比如，賽伊論述分工，他除了支持亞當斯密的分工理論，還提出分工會促使個人能力退化的觀點。這一觀點在亞當斯密的《國富論》中曾敘述。

比如，賽伊提出了無形產品的概念，如音樂、戲曲都是無形產品。亞當斯密否認了無形產品的存在，因為若承認無形產品，就容易與勞動價值論產生衝突。這一點賽伊更有洞見，他認為無形產品就是一生產出來就被消費掉的價值。無形產品，創造的是一種效用。賽伊對無形產品的發現，讓他了解到了效用的價值，從而開創了效用價值論。

關於財產所有權的論述，賽伊也做出了開創性的貢獻。斯密學說僅僅將財產所有權視為有利於增加市場交易的因素，但對於財產所有權的由來及保護不夠重視。賽伊則非常注重財產所有權，即私有產權的保護。他認為，只有確認了財產所有權，資本、勞動、土地投入才有價值。賽伊對財產所有權的確認及保護的論述，無疑是產權理論的濫觴。

比如，政府干涉問題，賽伊繼承了亞當斯密自由放任的主張，反對政府在產品標準、行業限制、特許經營等生產領域的干涉。

當然，賽伊對亞當斯密的學說了解非常透澈。但他並非只是亞當斯密的「傳聲筒」。他也意識到斯密學說存在的一些問題，比如亞當斯密忽略的分配問題以及消費問題，對此賽伊做了相當大的原創性貢獻。

02「供給創造需求」的來源

我們先來看分配理論。

賽伊認為，薪資、利息、地租分別來源於勞動、資本、土地。

這就是「三位一體」的分配理論。

賽伊的分配理論，乍看之下與李嘉圖的分配理論似乎沒有

思想光芒：大家的智慧啟迪

區別，但其實二者有本質上的不同：賽伊是在效用價值論上建立的分配理論，而李嘉圖是在勞動價值論上建立的分配理論。

賽伊認為，勞動、資本、土地共同創造了產品的效用，從而創造了產品的價值。換言之，勞動、資本、土地不是創造了產品，而是創造了效用。勞動、資本、土地的價值來自市場效用，所以，勞動者、資本家、地主的收入分配，不取決於要素投入，而取決於是否創造效用。

但是，李嘉圖的分配理論認為，勞動者、資本家和地主的收入分配取決於勞動、資本、土地的投入。由於李嘉圖支持勞動價值論，這種分配理論很快就導向了剝削理論──勞動者創造了所有的價值和財富，資本家和地主都是剝削者。

李嘉圖的分配理論導向了剝削理論，而賽伊的分配理論給我們開啟了一扇天窗。可惜的是，李嘉圖、賽伊之後，古典主義被引向了剝削理論，直到邊際革命時，賽伊的分配理論才被世人認知。

再來看消費理論。

賽伊是經濟學歷史上第一個把消費納入經濟學理論體系的經濟學家。對無形產品的認知，讓他了解到了效用及消費的內涵。他認為，消費即效用的消滅。消費的唯一研究對象是消費行為本身所產生的滿足感。

這個觀點，在當時是非常前衛的。

賽伊：供給創造需求

效用價值論是賽伊一個非常驚人的發現，他的學說從根本上說是建立在效用價值論之上，而非古典主義的勞動價值論之上。

塞伊學說的代表作便是賽伊法則。賽伊法則也正因建立在效用價值論基礎之上才有如此巨大的力量。但令人惋惜的是，大多數人從勞動價值論的角度去認識它，而不知其深意。

在其代表作《政治經濟學概論》中，賽伊寫道：「我聽很多實業家說，他們的困難不在於生產，而在於銷售。」這種觀點是大多數人的觀點。企業經營狀況不好，大多數人都認為是銷路不好，需求不足。

但是，賽伊企圖反駁這一點。他認為，銷售不好的原因在於生產。同時，也不存在過剩的問題：「一個產品一經產出，從那一時刻起就給價值與它自己相同的其他產品開拓了市場。」[18] 賽伊認為，生產者總是生產消費者需要的產品。換句話說，賽伊法則最簡潔的表述就是「供給創造需求」，直達經濟本質。

詹姆斯·穆勒（James Mill）和李嘉圖也有過類似的觀點。詹姆斯·穆勒是斯圖亞特·穆勒的父親，也是一位經濟學家。詹姆斯·穆勒說，「生產，分配，交換只是手段。誰也不為生

---

[18] 讓-巴蒂斯特·賽伊. 政治經濟學概論 [M]. 趙康英，譯. 北京：華夏出版社，2014.

產而生產。」[19] 李嘉圖說過，任何人從事生產都是為了消費或銷售，銷售則是為了購買對他直接或者間接有益的商品。

我們可以具體看看，賽伊法則到底意味著什麼。根據賽伊法則往往可以得出這些結論：

一是產品滯銷不是需求問題，而是供給出了問題，生產越多，銷路越好。

二是長期來看，不可能出現產能過剩、失業以及經濟蕭條。

三是鼓勵消費沒有作用，重要的是激勵生產。

初看之下，很多人會覺得荒唐。許多人就可以反駁道：如果盲目生產，生產同質化的產品，不考慮市場需求的生產，產品越多，滯銷越厲害，供給怎麼創造需求？

綜合這些反駁，我們也可以總結出對賽伊法則的誤解往往來自三個方面：一是勞動價值論的思維；二是行銷思維；三是中庸思維。

首先，賽伊所說的生產、消費、需求建立在效用價值論的框架內，而非勞動價值論的框架內。

其次，上面這段話中的「供給」與「需求」屬於市場行銷理論裡的供給與需求，而非經濟學概念裡的「供給」與「需

---

[19] 約翰．穆勒．政治經濟學原理 [M]．金，金熠，譯．北京：華夏出版社，2009.

賽伊：供給創造需求

求」。經濟學的需求與行銷學不同，比如在經濟學中消費是一種需求，投資也是一種需求。擴張基礎建設，提升投資需求；而賽伊講的供給，是指對有效需求的供給，而不是盲目供給。

最後，供給與需求，多數人都會用中庸思維來看待。大多數觀點是，供給與需求是「雞生蛋，蛋生雞」的關係，二者相輔相成，相互決定。這種中庸思維，模糊了經濟的本質，讓我們看不到經濟成長的本質。

想要反駁這種思維可以這樣切入：比如，經濟成長低迷，怎麼辦？

凱因斯的做法是從需求端著手，實施擴張性的財政政策，擴大投資需求，提升消費刺激，擴大消費需求。

但是，凱因斯政策的結果是什麼？根據貨幣中性原理，經濟刺激的短期內經濟成長快，但之後的衰退更嚴重，甚至出現通膨、資產泡沫及債務危機。

回到賽伊法則可以破解這個難題：經濟成長的動力不在需求端，而在供給端。舉例來說，李某月收入 5,000 元，在被促銷刺激後可能擴大消費，例如其花 500 元吃了頓大閘蟹，但這個月可能就會從其他地方縮減 500 元開支。因為一個月收入就 5,000 元，能開銷的費用就這麼多。

那假設對象是一個富豪呢？

富豪的消費預算更多,但長期也是理性的。一年花銷300萬元,這個月花了100萬元,後面就會縮減開支。或者,今年多花了,明年就會少花。

那借貸消費刺激是否有效呢?

這個月支付寶用了 3,000 元,下個月就要還款。這個月只是把下個月的額度透支了。

所以,人的消費是按照長期收入預期來設定的,而不是眼前的收入。這就是傅利曼的永久性收入假設。

結論是,消費刺激對經濟成長沒用。

賽伊在書中寫道:「僅僅鼓勵消費對於商業是沒有好處的。因為困難的不在於刺激消費的欲望,而在於提供消費的方法。而且,我們已經看到,生產本身會提供這些方法。因此,激勵生產是賢明政府的目的,而鼓勵消費是拙劣政府的目的。」[20]

03 擴大供給的錯誤方式

按照賽伊法則,經濟衰退應該從供給端著手,創新技術,創新產品,開拓新需求,開拓新市場,這樣才能促進成長。

---

[20] 讓 - 巴蒂斯特·賽伊. 政治經濟學概論 [M]. 趙康英, 譯. 北京:華夏出版社,2014.

賽伊：供給創造需求

現實中，很多人會誤解「供給經濟學」，並認為這會導致產能過剩、基礎建設過剩、能源過剩。

我們要抓住一個關鍵問題，那就是經濟是怎樣成長的。

經濟衰退其實是受邊際效益遞減規律支配的。在技術水準保持不變的前提下，在一種生產要素上投入另外一種生產要素，投入越多，成長率越低。

比如，假如手機技術不進步，大量資本、企業投入這種手機生產，投入越多，產能越過剩，利潤率越低，最終市場飽和，甚至會陷入虧損。

如果從需求端刺激經濟成長，結果要麼失去市場，因為沒人會再去買這種手機，即使今天買了，也是預支了下一次買的錢；要麼就是惡化邊際遞減曲線，阻礙技術創新，正如大量的基礎建設投資提升，吸引資金進入房地產，製造業的邊際效益率更低。

事實上，邊際效益遞減規律有一個前提假設是技術水準不變。

換言之，只要改變技術水準，即可打破邊際效益遞減規律。

技術創新，推動邊際效益遞減曲線右移，提升經濟成長率，推動經濟在新的週期、新的平臺中遞減。當遞減到一定程度時，技術創新又推動邊際效益遞減曲線右移。如此反

覆，波浪式地推動經濟成長。

這就是經濟成長的邏輯。

從供給端創新技術，創新產品，才是解決之道。比如，智慧型手機的創新，相當於創造了一種新需求、一個新市場，提升了整個行業的邊際效益率，吸引大量資本、人才進入，推動經濟發展。

賽伊在書中寫道：「開明的政府創立的研究機構、圖書館、公立學校和博物館，透過進一步發現真理和擴散以前了解的知識促進財富的創造。這個過程也給予了生產方面的高階主管擴展人類科學應用與人類需求供給的權力。」[21]

賽伊的洞見，無疑讓人感到驚訝。而這一切歸根結柢都來自他以效用價值論為立論基礎的學說。

反過來，我們今天常常用中庸思維去思考經濟現象。實際上這種思維遮蔽了我們的眼睛，讓我們無法洞悉經濟的本質，以至於經常會出現一些常識性錯誤，最典型的是因果顛倒、本末倒置。

從賽伊法則中我們可以得出以下結論：

首先，消費是經濟成長的目的，是經濟成長的結果，而不是手段和工具。

---

[21] 讓-巴蒂斯特·賽伊. 政治經濟學概論 [M]. 趙康英，譯. 北京：華夏出版社，2014.

賽伊：供給創造需求

如果刺激消費是為了經濟成長，那麼經濟成長的目的又是什麼呢？我們消費是在享受經濟發展的成果，而不是為經濟成長服務。消費不是經濟成長的工具和手段，而是結果和目的。先進國家是因其經濟繁榮，而造成消費繁榮，先進國家是因其經濟發達，造成服務業發達。

其次，經濟成長的動力來自供給端，而不是需求端。

消費刺激、投資提升對經濟成長無效，知識創新、技術創新、產品創新才是經濟成長的動力之源。

賽伊超越時代的洞見之處在於，他拋棄了古典主義的勞動價值論，主張效用價值論。

這無疑是非常難得的。我們知道，效用價值論是邊際主義在西元 1870 年代才被提出來的。但賽伊這時已經主張效用價值論。

賽伊認為，生產只創造效用。亞當斯密、李嘉圖等堅持的是勞動價值論，他們只能從生產端看待商品價值，人類商品是由勞動數量決定的。這就會陷入一種呆板的邏輯，即不論生產什麼都有價值。這顯然是不能讓人滿意的。

賽伊堅持的是效用價值論。賽伊的生產，是指生產市場所需要的商品，創造有效用價值的商品，而不是盲目生產。從需求效用的角度看待供給生產，從而得出供給創造需求的結論，這就是賽伊法則的真實內涵。

在經濟學 200 多年的歷史中，流派、理論繁多，各有所長，若非要說哪個理論更能夠深入經濟本質，賽伊法則必不可錯過。

參考文獻

[1] 讓-巴蒂斯特·賽伊. 政治經濟學概論［M］. 趙康英，譯. 北京：華夏出版社，2014.

歷史的眼光：從過去看未來

歷史，如明鏡，可自省，可鑑世。

讀史，令人有清風拂面、豁然開朗之感。

而經濟學視角下的歷史，猶如一條曲幽小徑，綠意盎然，趣味叢生。以經濟學邏輯探尋歷史，有時能從另一個視角照應、解讀文化史、社會史、政治史。

歷史的眼光：從過去看未來

美國房地產：從證券化到貨幣化

大蕭條期間，羅斯福總統頒布了《住房貸款銀行法》，房地產借有形之手開啟繁榮之勢。

房地產從最初的資本化到1970年代後的證券化，再到2008年的貨幣化，清晰地勾勒了一條經濟金融化之軌跡。

人類創造了一系列風險與激勵並存的經濟制度——有限責任、股票交易、房地產證券化、信用貨幣制度等，這些制度激勵人們追逐財富，也製造了危機。

01 地產證券化

自西元1837年金融大恐慌以來，美國房地產價格隨行就市、漲漲跌跌，但是1929年這場金融危機打破了這一週期性規律。

這場金融危機引發了歷史空前的大蕭條，美國房價快速下跌，到1934年美國房價指數降至75.95點，跌幅為24.05％。此後，房地產一直持續低迷走勢，直到10年後的1944年才回到大蕭條之前的高點。

大蕭條期間，凱因斯的國家干預主義逐漸成為主流思潮，美國聯邦政府制定了一系列政策，試圖以有形之手復甦

房地產市場。

1932年,國會通過了《住房貸款銀行法》。根據該法令,聯邦政府成立了聯邦住房貸款銀行。這家專門負責住房貸款的國有銀行可以直接從財政部獲得資金,並向非銀行機構提供貸款。

兩年後,國會又通過了《國家住宅法》。根據該法令,聯邦政府成立了聯邦住房管理局。該機構的主要任務是,為低收入者尤其是只能承擔低頭期款比例的個人及家庭提供抵押貸款保險,以穩定抵押貸款市場。

聯邦住房管理局實際上是以透支國家信用的方式,支持低收入者買屋,以提升市場的購買力,遏制當時不斷下跌的房地產價格。這一舉措,加大了房地產市場的槓桿率,直接推動了低頭期款比、分期付款的出現,為房地產證券化鋪好了路。

雖然聯邦住房管理局提供了抵押貸款擔保,但是商業銀行依然懼怕風險,不願意提供貸款給低收入者。

1938年,聯邦政府又成立了聯邦國民抵押貸款協會。剛開始這是一家政府機構,主要任務是購買經過聯邦住房管理局擔保的抵押貸款,以刺激銀行放心放貸給低收入者,增加市場的流動性。此舉相當於創造了一種新型的金融市場——抵押貸款交易市場。

歷史的眼光：從過去看未來

二戰結束前夕，國會通過了《退伍軍人權利法案》。根據該法案，聯邦政府成立了退伍軍人管理局，主要任務是解決軍人的住房及福利問題。

二戰後，聯邦國民抵押貸款協會基本上由退伍軍人來管理，他們透過退伍軍人管理局的擔保，將退伍軍人住房貸款的槓桿放大到 10 倍，退伍軍人只需繳納一成頭期款即可獲得貸款。

1968 年，該政府機構被私有化，成為一家私人公司——房利美。私有化之後，這家公司依然有著聯邦政府的隱性擔保，成為美國最大的「聯邦政府贊助企業」。

兩年後，聯邦住房抵押貸款公司房地美成立。國會授權「兩房」可以購買普通抵押貸款，也就是可以購買未經聯邦住房管理局擔保的抵押貸款。此舉刺激了貸款放行機構大規模放貸，快速地推動了房地產證券化。

聯邦國民抵押貸款協會私有化後，分化出了一家政府機構，即國民抵押貸款協會，也就是吉利美。吉利美隸屬美國住房和城鄉發展部，主要任務是提供擔保。

吉利美給貸款方提供擔保，他們向投資者承諾，一旦違約，美國政府負責還本付息。這樣，商業銀行、抵押貸款銀行給貸款者提供貸款，並向吉利美支付一筆擔保費。

美國房地產：從證券化到貨幣化

從 1980 年代開始，吉利美擔保的貸款規模快速擴大。

1980 年第二季度突破千億美元，10 年後，1990 年的第四季度突破兆美元大關，到 2008 年第四季度達到 5.38 兆美元。

與吉利美同期，美國不動產投資信託基金也成立了。該基金的任務是幫助房地產商融資。1968 年以前美國不動產信託基金的債務規模為零，1969 年第二季度則突破 10 億美元。

1971 年布列敦森林制度解體，這是一個關鍵性事件。之後，世界開始進入浮動匯率和信用貨幣時代。浮動匯率刺激了外匯套利，啟用了投資銀行市場，債券、證券、信託、期貨、保險等金融市場快速膨脹。

1973 年第一季度不動產信託基金的債務規模就突破了百億美元。1975～1984 年受停滯性通膨危機的衝擊，這一債務規模長期維持在 50 億美元左右。

從 1985 年第二季度開始，隨著經濟復甦及金融市場的繁榮發展，不動產信託基金的債務規模快速擴大。到 1997 年第二季度，規模已突破千億美元；到 2014 年底更是突破兆美元。

這樣，美國便形成了一套房地產證券化的標準模式：首先，由聯邦住房管理局和吉利美提供政府信用擔保；其次，商業銀行、抵押貸款銀行給購屋者提供抵押貸款（mortgage）；最後，房利美、房地美收購銀行手上的抵押貸款，然後將其

◆ 歷史的眼光：從過去看未來

打包成標準化的金融產品發行證券，出售給雷曼兄弟等投資銀行。

在這條鏈中，由於聯邦住房管理局、吉利美及「兩房」的存在，政府相當於承擔了隱性擔保的角色。有了政府的隱性擔保，商業銀行、房利美及雷曼兄弟、貝爾斯登等金融機構，都會大幅地降低風控力度，忽視金融風險。

1968 年，美國誕生了第一份抵押貸款支持證券。1970 年第一季度，美國抵押貸款證券化規模為 460 億美元。1970 年代，隨著投資銀行的興起，MBS（抵押支持債券）規模快速擴張。到了 1974 年第三季度，這一數據突破千億美元，1988 年第二季度破兆美元。截至 2008 年金融危機爆發之前，機構 MBS 的債務規模達到了近 8 兆美元。其中，「兩房」的住房抵押貸款的 MBS 債券總額高達 4 兆美元。

最開始，大部分 MBS 都是「兩房」及機構發行的，資產比較優質，風險相對較小。從 1980 年代開始，非機構的 MBS 快速興起，其中包含了次級抵押貸款支持證券 (sub-prime MBS)。

1999 年，國會通過了《金融服務現代化法案》。這意味著《格雷姆-里奇-比利雷法案》被廢除，從法律上消除了銀行、證券、保險機構在業務範圍上的邊界，結束了美國長達 66 年之久的金融分業經營的歷史。

美國房地產：從證券化到貨幣化

2001 年，在網路危機和恐怖攻擊的雙重打擊下，聯準會主席葛林斯潘連續下調了聯邦資金利率。到 2004 年 6 月，美國一直維持著長期低利率。極度寬鬆的貨幣政策刺激了房地產及金融衍生品急速膨脹。

當時薪水階級可以輕鬆地從銀行開出 50 萬美元的住房抵押證明，一個月後就可以拿到貸款。這些抵押貸款被「兩房」證券化後，又被雷曼兄弟等投資銀行打包成各種衍生品，比如抵押貸款擔保證券（CMO）。

CMO 是一種分層證券，它將抵押貸款證券切割成多類票據，代表各自不同的責任和收益，試圖滿足不同風險偏好的投資者需求。

除了 CMO，還有 CDS 等金融衍生品。CDS 是信用違約交換合約，當年雷曼兄弟、貝爾斯登、美國國際集團正是吃下了大規模的 CDS，最後釀成危機。

我們回過頭來看。從房地產到房地產貸款，到房地產證券化，再到各類金融衍生品，美國龐大的金融大廈建構在房地產這一固定資產之上。

貝爾斯登、雷曼兄弟、美林等投資銀行以及「兩房」都將商業銀行發放的抵押貸款合約視為金融衍生品的「原材料」。透過層層切割打包、證券化，製作成一系列複雜的金融衍生品。這些複雜的金融產品是美國經濟繁榮的驅動力，金融部

門創造了當時 40% 以上的利潤。

房地產證券化之後，房價會大幅波動，相當程度上會抬高房地產價格。為什麼呢？

沒有證券化的房地產，主要價值是居住。但是，證券化之後，房地產被賦予了金融屬性，增加了一種非常重要的價值 —— 金融資產的抵押品。

作為金融資產的抵押品，房地產的流動性大大增加。流動性可以提高資產價格，比如可流轉的房子比不可流轉的房子價格更高。

為什麼流動性會提高資產價格？

其實，這就是類似於貨幣的交換價值的概念。可流動的房地產證券，相當於股票、貨幣，具有很強的支付功能，容易變現兌換各種投資品、商品，且本身是一個流動性強的投資品。

傅利曼在《貨幣的禍害》一書中就寫到了一個類似的案例。

傅利曼說，二戰後，德國舊馬克崩潰，他以顧問的身分去了德國，在當地使用了美國香菸作為貨幣給汽車加油。傅利曼發現，美國香菸在德國的價格漲了不少，其中原因是此時的美國香菸已經成了一種臨時貨幣，被賦予了交換價值，需求量大增。

美國房地產：從證券化到貨幣化

可見，任何流動性強的資產，都被賦予了類似貨幣的交換價值，其價格會被抬高。房地產證券化後，其價格快速地上漲。但是，流動性是一把「雙面刃」，證券化資產價格波動幅度大、風險高。

華爾街很多基金經理認為金融衍生品以及避險機制可以有效地分散風險。葛林斯潘擔任聯準會主席時，大力支持信用違約交換合約，認為這是一項重要的金融創新，分散了美國的信用風險，增加了整個金融系統的抗風險韌性。

正如安德魯·羅斯·索爾金（Andrew Ross Sorkin）在其著名的《大到不能倒》（*Too Big to Fail*）中所寫：「這是一個關於冒險家的故事：他們敢冒一切風險，並已承受著巨大的風險，但又固執地認為自己沒有冒任何風險。」

其實，這種結構是一個倒金字塔結構，從房地產到金融衍生品，每往上加一層，槓桿都在不同程度地放大，風險也隨之上升。

一旦底層的「原材料」出了問題，整個金字塔定然雪崩式坍塌。這就是金融體系的脆弱性。

那些次級貸款者，他們的槓桿率極高，風險承受能力差，一旦利率上升，或出現外溢性風險，他們最可能斷供違約。由於聯準會上調利率，大規模地刺激貸款違約，引發了次貸危機。次貸危機侵蝕了這座金融大廈的底座，上層的金

融衍生品也轟然倒塌,貝爾斯登、雷曼兄弟等投資銀行遭遇危機。

可見,房地產是整個金融大廈的基石,是金融資產不斷加槓桿、滾雪球的「原材料」。全球各大金融城市都在努力維持房地產高價位、高估值以做大金融資產。

02 資產貨幣化

2007年次貸危機爆發後,「兩房」陷入幾百億美元的虧損,瀕臨破產。

2008年9月,美國財政部長鮑爾森出手接管了「兩房」。具體方案是,財政部向「兩房」注資,並收購相關優先股;政府相關監管機構接管「兩房」的日常業務,同時任命新領導人。

鮑爾森的救援行動遭到潮水般的批評。不過,鮑爾森認為,房地美的問題使金融市場面臨系統性風險,接管這一機構是當前保護市場和納稅人的「最佳手段」。

美國聯邦政府為什麼要救助「兩房」?

一是聯邦政府的隱性擔保問題。

「兩房」雖然是私人企業,但一直受到政府的特殊照顧,包括聯邦及州政府的稅收減免,以及美國財政部長期提供的

數十億美元的信貸支持。

從美國房地產證券化的歷史來看,政府在其中扮演了隱性的擔保角色。從聯邦住房管理局、聯邦國民抵押貸款協會、退伍軍人管理局、美國不動產投資信託基金,到吉利美、「兩房」、聯邦政府,他們都是美國房地產證券化路上的擔保者和推動者。

正是在聯邦政府的隱性擔保之下,投資銀行才如此肆無忌憚地使用這些「原材料」製作大規模的金融衍生品。市場普遍認為,聯邦政府贊助的「兩房」具有一定的剛性兌付性質。

次貸危機的爆發,說明美國在房地產證券化過程中透支了國家信用。若聯邦政府不保底,將威脅到美國的國家信用,至少是聯邦政府的信用。

二是住房抵押貸款已經成為美國金融大廈的基石。

次貸危機爆發前,「兩房」持有或擔保的住房抵押貸款總額超過5兆美元,約占全美住房抵押貸款總額的50%。若「兩房」破產,整個抵押市場及金融市場都將崩盤。

次貸危機期間,美國房地產價值就蒸發了5.5兆美元,引發了債務螺旋效應:房地產資產縮水,意味著整體金融資產大幅縮水(乘數效應);資產縮水導致銀行下調授信額度,降低市場流動性,企業借貸成本上升;企業進而拋售資產以

歷史的眼光：從過去看未來

迴流資金，但資產拋售又引發資產價格下跌，導致銀行授信額度進一步下調⋯⋯如此惡性循環（費雪的債務通貨緊縮理論，《繁榮與蕭條》）。貝爾斯登、雷曼兄弟、「兩房」、美國國際集團等大公司捲入其中。

到這裡，我們可以認為，房地產證券化最終綁架了整個金融體系。當「兩房」以及經營抵押貸款證券化資產的投資銀行遇到危機時，美國聯邦政府不得不選擇救助。這實際上就引發了「大而不倒」的道德風險。

其實，真正的危險不是房地產證券化，而是房地產貨幣化。

次貸危機爆發後，相比聯邦財政部，聯準會的救市行動是典型的「直升機撒錢」。從 2008 年 12 月開始，聯準會一共推行了 4 次量化寬鬆政策。

最初，聯準會使用了 5,000 億美元購買「兩房」的抵押貸款支持證券。然後，聯準會又使用了高達 1.25 兆美元購買「兩房」和吉利美的抵押貸款支持證券。聯準會此舉堪稱「垃圾回收行動」，直接為「兩房」的有毒資產買單。

為了避免聯邦政府在實施救援過程中信譽受損，聯準會在接下來的量化寬鬆（QE）中採取了大規模地採購國債的政策。其中，QE2 的國債採購規模為 6,000 億美元，QE3 每月

400億美元，QE4每月45億美元。

另外，聯準會還緊急提供300億美元貸款，支持摩根大通收購貝爾斯登。在美國國際集團的救援行動中，聯準會一共提供了1,800多億美元的貸款援助，占全部援助貸款的10%。

這次救援行動是聯準會歷史上介入經濟最深入的一次，已經覆蓋了房地產、投資銀行、商業銀行、債務市場以及實體經濟。

但是，聯準會這次「直升機撒錢」的方式，直接將金融從資產證券化推向資產貨幣化。

資產金融化一般有三種形式：資本化、證券化、貨幣化。

資本化是資產金融化的基礎階段，屬於非標產品，比如你將房產拿去抵押獲得一筆貸款，這就是資本化。每個人的抵押物不同，抵押貸款的額度、期限、利息也不同。資本化最大的好處是啟用資產，讓資產變為資本流動起來。

證券化是資產金融化的中級階段，屬於標準產品，比如公司上市發行股票，是公司資產的證券化；公司發行債券，是公司抵押資產的證券化；交易商發行期貨，是大宗商品的證券化。投資銀行將抵押貸款打包做成衍生品，抵押貸款就從資本化上升到了證券化。

證券化的資產形式比資本化高級，它是一種標準化產品，執行標準化合約，在交易所可以做到集中競價、連續競價、電子撮合、匿名交易及避險交易。

資產證券化的流動性遠大於資本化，資產風險更大，槓桿率更高。目前，金融市場上的大部分產品都是證券化資產，如期貨、債券、股票及金融衍生品。

貨幣化是資產金融化的高級階段，也是屬於標準化的虛擬產品。從1960年代開始，經濟學家開始關注到經濟貨幣化的趨勢，但是貨幣化目前還沒有統一的定義。

從廣義上看，貨幣作為交換媒介不斷地滲透到各個經濟領域及環節，可以用 M1 或 M2[22] 占 GDP 的比值來表述。

證券化與貨幣化的區別，最簡單的理解是剛性兌付和資產抵押。

證券化有資產抵押，比如股票對應的是公司資產，期貨對應的是大宗商品；是剛性兌付的，比如即使公司股票下市，股民依然是公司的股東，享有相應的權益。

貨幣化不是剛性兌付的，也沒有資產抵押。比如，數位貨幣屬於一種典型的資產貨幣化，比特幣、以太幣這類虛

---

[22] 根據國際貨幣基金組織的定義，M1 是指流通中的現金＋可轉讓本幣存款和在國內可直接支付的外幣存款；M2 是 M1＋定期儲蓄存款＋外匯存款＋大額可轉讓存單。一般來說，M1 為狹義貨幣，M2 為廣義貨幣，M1 的流動性要強於 M2。

美國房地產：從證券化到貨幣化

資產沒有任何資產抵押，也無法剛性兌付任何資產，只能在市場上透過交易變現。Facebook 的天秤幣雖然有抵押物（如美元、歐元等），但也不是剛性兌付的，也屬於資產貨幣化。

金本位貨幣其實是黃金的證券化，人們可以將貨幣剛性兌付成黃金。信用貨幣則是國家信用的貨幣化，無法剛性兌付黃金、國債等儲備資產。

但以上只是相對嚴格界定。其實，無法剛性兌換的信用貨幣、沒有資產抵押的數位貨幣、不以稅收或資產作為抵押的國債、資不抵債依靠透支國家信用維持的證券，都屬於資產貨幣化。

布列敦森林制度解體後，世界進入信用貨幣時代，經濟貨幣化一日千里。2008 年金融危機爆發後，聯準會四輪量化寬鬆之後，經濟貨幣化大規模擴張。

聯準會的資產負債表是洞悉經濟貨幣化的重要視角。

2007 年金融危機爆發前，聯準會的資產負債表規模不到如今的 1/4，幾乎都是美國國債。2008 年底，聯準會開始擴表，四輪量化寬鬆大舉買入了公債和抵押支持債券（MBS），資產負債表膨脹了 4 倍有餘。

聯準會擴表買入的資產大部分是「兩房」的抵押支持債券以及聯邦政府發行的國債。目前，美國公債在聯儲資

負債表中占 55%，抵押支持債券約有 40%，二者合計高達 95%，其餘資產則是五花八門，包括黃金。

可見，一美元中超過一半的資產是來自透支國家信用的國債，另外接近一半來自抵押支持債券有毒資產。

為什麼說聯準會購買的國債和抵押支持債券屬於資產貨幣化，而之前的國債則不屬於資產貨幣化？

聯準會當時為什麼要大力購買「兩房」的抵押支持債券？是因為次貸危機爆發後，「兩房」瀕臨破產，抵押支持債券出現兌付危機。

換言之，這些抵押支持債務已經淪為有毒資產，其抵押物價值被大大壓縮。聯準會大量買入這些資產以維持其價格，實際上是在為有毒資產保底，以透支美元信用的方式支持資不抵債的證券。這是一種惡性的、高風險的經濟貨幣化。

聯準會為什麼要買入大量的國債呢？道理也是一樣的，聯邦財政部因援助行動支付大筆資金，不得不發行大規模的國債。為了不讓國債價格下跌，並支持財政部融資，聯準會在後三輪量化寬鬆中大舉購入國債。

如果聯準會不買入，國債價格將下跌，這意味著美國國家信用被透支。從債券組合來看，2013 年初，聯準會延長債券組合存續期限，以壓低長債收益率並提振房市，結果是

美國房地產：從證券化到貨幣化

5～10年短期債券占比最高衝到52%。

聯準會此舉實際上是在為不以任何稅收或資產作為抵押的國債保底，用美元的信用為美國的國家信用保底。這也是一種惡性的、高風險的經濟貨幣化。

總結起來，聯準會此番經濟貨幣化操作，就是發行美元直接置換國債和房地產抵押支持債券。這是一個雙向過程：美元資產的債券化、槓桿化，金融資產的貨幣化、泡沫化。美元與債券似乎成了左手倒右手、你中有我我中有你的關係，彼此相互依存。所以，現代貨幣理論認為，債券等同於貨幣。

聯準會主席鮑威爾上臺後意識到經濟貨幣化的風險，加快了縮減資產負債表（縮表）的步伐和力度。在縮減過程中，鮑威爾對外宣稱，希望看到整體資產負債表與美國經濟規模之比再萎縮一些，並且希望恢復以國債為主的資產負債表構成。

在量化寬鬆時，聯準會資產負債表在峰值期相當於美國經濟年產出的25%左右，而金融危機前的比率為6%左右。這足以看出在過去10年，美國經濟貨幣化的力度有多大。

2019年初，聯準會將資產負債表縮減了超過4,000億美元，總規模壓縮到4兆美元多一些，相當於美國GDP的20%左右。這大概是聯準會在2014年1月的水準。鮑威爾

歷史的眼光：從過去看未來

希望這個比例能夠下降到17％左右，並希望長期維持這一比例。

不過，距離鮑威爾的預期還有一些差距，聯準會在2019年8月就結束了這輪縮表，然後連降3次息。在10月這次，考慮到降息空間有限，聯準會重啟量化寬鬆，每月購買600億美元的短期國庫券。

2008年12月至2019年12月，聯準會擴表（透過大規模購買金融資產，向社會注入資金流動性）的力度要遠大於縮表，資產負債表規模擴張了數倍，經濟貨幣化程度空前。

經濟貨幣化的結果是：

債券方面，2007～2012年，債券價格上漲了30％；美國國債規模從2009年開始大規模擴張，截至2019年10月31日已突破23兆美元。

股票方面，道瓊指數從2009年3月開始觸底反彈，從最低的6440點一直漲到2019年底的28,000點，上漲了21,560點，美股經歷了一場史詩級的十年牛市。

樓市方面，美國房地產在2012年前後復甦，之後一直持續上漲，如今又到了相當的高位。

可以看出，過去10年，美國金融資產價格上漲已淪為一種貨幣現象，房地產、債券、股票漲得不是真實價值，而是貨幣數量。

美國房地產：從證券化到貨幣化

由於美元是世界儲備貨幣，美國的經濟貨幣化導致全球經濟貨幣化。現在世界主要國家央行的資產負債表中都儲備大量的美元資產，以美元來發行本國貨幣。中國的外匯占款（中央銀行收購外匯資產而相應投放的本國貨幣）最高時達40%。這些國家的央行又以外匯購買美債，如今大約50%的美債由外國投資者持有，中國央行和日本央行是持有最多美債的兩大投資主體。

這就意味著，全球經濟隨著美元與美債走向了貨幣化。

從金融化的路徑來看，世界經濟經歷了這樣一個過程：從大蕭條時期的房地產資本化（抵押貸款），到1970年代開始的資產證券化（MBS和金融衍生品），再到2008年之後的美國金融貨幣化（貨幣化支撐的債券、股票、房地產），最後到蔓延到全球經濟的貨幣化（美元、美債支撐的全球貨幣資產）。

03 經濟槓桿化

過度重視經濟的因果律，則容易忽略規律的客觀性。

若大蕭條時期，國會未通過《住房貸款銀行法》和《國家住宅法》，不成立聯邦住房貸款銀行，不成立聯邦住房管理局，是否可以阻止房地產資本化？

若聯邦政府不成立聯邦國民抵押貸款協會，不收購抵押

歷史的眼光：從過去看未來

貸款，抵押貸款交易這種新型金融市場是否就不會誕生？

若房利美不私有化，國會不擴大其許可權收購普通抵押貸款證券，是否就不會刺激抵押債券市場的膨脹？

若布列敦森林制度不解體，《格雷姆-里奇-比利雷法案》不被廢除，禁止金融混業及外匯投機，美國投資銀行是否就不會興起，房地產證券化及其金融衍生品就不會氾濫？

若金融危機後，聯準會不選擇大規模擴表，購買鉅額國債及「兩房」的抵押支持債券，那麼金融資產貨幣化、全球經濟貨幣化是否就不會發生？

從歷史來看，《住房貸款銀行法》、《國家住宅法》、聯邦國民抵押貸款協會、「兩房」的成立、布列敦森林制度解體、《金融服務現代化法案》的發表（金融混業）、MBS、金融衍生品等，都是具有風險性質、增加槓桿的。

從結果來看，2008年金融危機是一場被房地產證券化捲入的災難。如今，全球經濟債務問題是這場災難的延續，是房地產證券化上升到金融資產貨幣化的結果。

一個個高槓桿、高風險的制度，最終釀成了一次次經濟災難。

看過一次次金融危機之後，很多人對市場化之路缺乏信心。市場，意味著風險；政府，似乎更加安全。

但是，美好願望總是無法將我們送達彼岸，且常常事與願違。

人類近代經濟的崛起歷史，正是由一個個高槓桿、高風險的市場制度組合而成的。

市場制度本身就是一種風險性制度（因交易費用）。這些制度向市場釋放風險的同時，也伴隨著巨大的激勵性。

從有限責任公司制、股票交易制度、代理人制度，到國債、期貨、信託、保險、外匯、金融衍生品以及信用貨幣制度，都是高槓桿、高風險制度。正是這些制度不斷地刺激著企業家、投機家逐利的欲望與野心，促使其不斷地跨越重洋、冒險競逐。

例如，借貸制度極大地擴大了房地產的銷售規模，讓很多人買了房子，但這是一種具有槓桿性質、風險性質的制度。又如，若下調住房貸款頭期款比，房地產市場還能來一波，但是市場風險可能非常大。

以有限責任公司制為例。

1602年，一位名叫約翰・奧爾登巴內費爾特的荷蘭政治家積極斡旋，成立了歷史上第一家股份制公司——荷蘭東印度公司。

與一年前成立的英國東印度公司不同，荷蘭東印度公司

◆ 歷史的眼光：從過去看未來

採用了一種新型的公司制度——他們聚集了約 650 萬荷蘭盾資本，成立了歷史上第一家股份制公司。

按照股份協議規定，新的投資者與原投資者必須在 10 年後的「一般清算」時才可加入或退出。這一規定意味著，首次分紅是在 10 年之後，而遠洋貿易又是一種風險極高的投資，一些投資人為了規避風險，開始想辦法、講故事，試圖抬高手中的股票價格轉賣，以轉嫁風險、套利退出。隨著股票交易積少成多，阿姆斯特丹逐漸形成了世界上第一個股票交易市場。

股份公司制和股票交易制也同樣製造了一種市場風險——有限責任。

在此之前，歐洲公司、中國商行，其投資人與經營者合為一體，且以家庭財富、精神人格、債務承襲作為擔保展開經營。如今，投資人只承擔「有限責任」，還能隨時退出。

這無疑極大地激發了市場的冒險精神，鼓勵投資者、投機家和水手們跨越重洋、牟取暴利。

西元 1892 年，德國頒布了世界上第一部《有限責任公司法》，從法律上明確了「有限責任」。之後，大多數國家都陸續制定了有限責任公司法。

有限責任制、股票交易制、代理人制度等經濟制度，是一把「雙面刃」，它既是一種激勵制度，又是風險制度。

事實上，隨著高槓桿、高風險制度的演進，經濟危機也表現出不同的特徵。

第一階段，以過剩性危機為主。

自西元 1788 年英國爆發第一次過剩性危機以來，到西元 1825 年，共發生了 7 次經濟危機，幾乎都是過剩性經濟危機，危機的嚴重性和波及程度一次比一次大。其中原因，除了第一次工業革命的技術性衝擊，還有「有限責任」制度下的企業家冒險。

弗萊堡學派創始人瓦爾特・歐根在其「秩序自由主義」中嚴厲批評了「有限責任」，認為「有限責任」激勵企業家過度冒險而做出錯誤的決定。

有限責任制度運用到金融系統後，將帶來更大的風險。首先是股份制銀行。股份制銀行是一種淨資產極低的執行機制，主要從事人際、時間、空間的資產配置。但是，由於淨資產過低，一旦市場波動就容易引發擠兌導致銀行破產。

第二階段，以金融危機為主。

有限責任制度加上銀行、股票、債券制度就更為複雜，經濟危機也從過剩性危機轉移到金融危機。

到了 19 世紀初，面對頻頻爆發的產能過剩性危機，英格蘭銀行的業務逐漸轉向公債市場，大幅縮減了國內私人貸款。西元 1821～1825 年，英國人豪賭美洲市場，倫敦交易

所共對歐洲和中南美洲國家發行了 4,897 萬英鎊公債。

西元 1825 年下半年，供給嚴重大於需求，紡織品價格開始下跌，中南美投資泡沫崩盤，超過 3,000 家企業倒閉，紡織機械價格大跌 80%。危機外溢到金融系統，股票價格暴跌，近百家銀行破產。

西元 1825 年底，英格蘭銀行的黃金儲備從西元 1824 年底的 1,070 萬磅[23]降至 120 萬磅。

西元 1837～1929 年，共發生了 10 次經濟危機，平均 10 年左右一次。

而每次經濟危機都由金融市場引發，都與股票、債券投機，尤其是鐵路股票投機有關。

第三階段，以債務危機、貨幣危機為主。

到了 1970 年代，浮動匯率制度、信用貨幣制度、金融混業制度以及金融監管放鬆，金融危機頻發，尤其是債務危機和貨幣危機，如 1982 年拉美債務危機、1990 年日本泡沫危機、1994 年龍舌蘭危機、1997 年亞洲金融危機、2002 年阿根廷債務危機、2007 年次貸危機、2008 年金融危機、2009 年債務危機以及近年來的新興國家債務及貨幣危機。

早在西元 1819 年，蒙第就在《政治經濟學新原理》一書中一針見血地指出「人們所受的各種災難是我們社會制度不

---

[23] 根據國際度量換算標準，1 磅 ≈ 453.6 克。

良的必然結果」。

為了駕馭這些高風險、高槓桿的經濟制度，西方國家也制定了不少保障性的制度。

比如，有限責任制和股票交易制度誕生後，詐欺、跑路、內幕操縱（內線交易）及龐氏騙局層出不窮。經過幾百年的立法及建立制度，如今歐美國家已經形成了完善的公司法、證券交易法、資訊披露制度以及一系列金融關鍵法案，這些都是保障性的制度以降低風險。

又如，破產法其實是與有限責任制相匹配的一種法律。但是，這項法律需要一系列制度及執法能力的配合。若配套制度跟不上，就容易陷入兩難。不讓企業破產，則無法充分啟用有限責任制的激勵性；若隨便讓企業破產，又會製造更嚴重的風險。

再如，托拉斯組織。19世紀末，托拉斯組織出現，與股份公司制度、股票交易制度、信託制度、債券交易制度全部捆綁在一起。

當時，托拉斯控制銀行、信貸及金融系統，掌控著雄厚的金融資本，導致股票投機更加猖獗，並不斷引發金融危機。

西元1890年，國會通過了《謝爾曼反托拉斯法》以制裁

◆ 歷史的眼光：從過去看未來

托拉斯組織。這部法律被老羅斯福大規模使用，並成為「經濟憲法」。

再看信用貨幣制度及金融混業制度。1971 年，布列敦森林制度解體，引發了「尼克森衝擊」，世界匯率動盪不安。當時包括孟岱爾在內的不少經濟學家及銀行家都希望回到金本位、固定匯率時代，因為信用貨幣和浮動匯率風險太大。

但是，人類進入信用貨幣時代的腳步已經不可逆。信用貨幣制度打破了剛性兌付及固定匯率，金融風險大增，金融混業制度的出現又火上澆油。2008 年金融危機爆發後，我們一直在反思：面對被房地產及資產貨幣化綁架的世界，我們還需要完善各種制度。

例如，財政強制約束防止央行淪為「提款機」，如德國政府一樣規定央行購買國債的額度；更加明確央行的貨幣政策目標，建立貨幣與其他總體經濟目標的界線，禁止貨幣政策服務債券、股票貨幣化；強化對金融大公司的監管，打破貨幣市場的二元結構，打擊資金販賣行為；等等。

從資產資本化到證券化，再到貨幣化，激勵性越來越大，風險也越來越大，需要更加完善的保障性制度。

值得注意的是，經濟貨幣化雖然風險巨大，但並非一無是處。

傅利曼、戈德史密斯和施瓦茨等經濟學家透過分析，得

美國房地產：從證券化到貨幣化

出一個結論：經濟貨幣化比率的差別基本上反映了不同國家的經濟發展程度，貨幣化比率與一國的經濟發達程度呈現明顯的正相關關係。

貨幣化是金融化的高級階段，經濟貨幣化需要配以更加完善的制度及更高的執法水準。

所以，人類近代經濟的崛起、財富的成長，是一組組激勵、風險與保障性制度共同配合演進的結果 —— 這是一種從經濟制度的角度理解經濟危機的視角。

不過，保障性的制度也會誘發新的風險。比如，央行的「最後貸款人」制度和存款保險制度，降低了銀行被擠兌的風險，但加劇了金融家的道德風險。

但是，世界本如此，博弈才能進步，不確定性是進步的常態。

人類一直行走在經濟快速成長的刀鋒之上，若制度配合失調，則可能爆發危機、墜入深淵。前路誘惑與危機並存，除此之外，我們別無選擇。若放棄這些風險性制度，人類將回到 17 世紀以前 —— 一個幾千年來生產力極度低下且幾乎零成長的時代。

從根本上說，人類選擇高風險制度之路，符合近代社會的演變規律 —— 權益與自由的解放。

從權益角度來看，近代人類社會的權益大致呈現三個趨

◆ 歷史的眼光：從過去看未來

勢：分化、降維（下放）、流動。

從封建社會到現代民主社會，是人類歷史上非常關鍵的一次權益結構再分配：權益分化，如政權、軍權、司法權、鑄幣權等都分化獨立；權益降維（下放），國家權力下放到國會或選民手上，稅收轉移支付讓更多底層民眾享有公共福利；權益流動性，政治權力不再家族世襲，而在候選人（民眾）身上流動，民眾的言論、遷徙等權利實現自由行使。

近代一系列經濟制度的誕生，從根本上符合人類社會這一歷史性趨勢。

以股票交易制度為例。

股票市場誕生，上市公司經過「股改」後實現了權益的分化、降維（下放）和流動性。

第一是所有權和經營權相分離。股市誕生將股權市場分化為一級市場和二級市場，二級市場的股民屬於投資型的股東，享有所有權和股東決策權，但是沒有經營權。

第二是所有權降維（下放）。上市公司將公司所有權出讓給普通股民，在 Google 上市前想購買其股權並不容易，而在其上市後大眾可以自由買賣。

第三是流動性。上市之前的公司轉讓股份比較困難，普通股民在股票市場上出售和購買股份（未達 5%，未鎖定浮動

美國房地產：從證券化到貨幣化

盈虧)無須經過任何股東同意,可自由操作。

權益的分化、降維(下放)和增強流動性,促進權益分配更加合理,從而達到提高激勵性的效果,建構一套高效率的遊戲規則。

近代一系列高風險與高激勵並存的經濟制度,是近代自由化制度的一部分;符合自由化、產業分工和權責利均等的規律趨勢,讓承擔責任、做出貢獻(業績)、付出勞動(智慧)的人,獲得相應的權力和收益。例如,「同股不同權」制度,把股權從所有權和投票權進一步分離和降維(下放),讓渡更多投票權給創業者和專業經理人。

但是,正如海耶克所言,追逐自由是有風險的。他說,聽命於法律而不是其他,才叫自由。反過來說,自由的風險需要法律作保護。同樣,經濟制度蘊含著自由的風險,自然也需要法律的保護。

所以,人類發明的這套經濟制度,本身就是一個不平衡的制度性泡沫,激勵與風險並存,理性與泡沫並存,自由與危險並存。當前,信用貨幣及國債支撐的經濟貨幣化,促使世界處於在一個長期的、巨大的、不平衡的理性泡沫之中。

參考文獻

[1] 邵宇，陳達飛．被金融裹挾的房地產［R/OL］．（2019-11-12）［2023-04-06］．http://www.chinacef.cn/index.php/index/article/article_id/6249.

[2] 米爾頓·傅利曼．貨幣的禍害［M］．安佳，譯．北京：商務印書館，2006．

新加坡的危機感

西元 1818 年,湯瑪斯‧史丹佛‧萊佛士前往馬來半島為英國東印度公司挑選據點,發現此處被荷蘭搶占,轉尋他處,發現了新加坡。

萊佛士登上新加坡時,島上只有 500 人居住。

然而,新加坡有著天然的地理優勢。麻六甲海峽是印度洋和太平洋航運的最重要通道,被譽為海上航運的「生命線」。麻六甲海峽西北寬東南窄,位於東南端的新加坡扼守住了麻六甲海峽的咽喉。

西元 1819 年 1 月 29 日,萊佛士與馬來柔佛王國駐守當地的天猛公會面,並簽署了臨時協議:英國用 3,000 西班牙銀元拿到了在新加坡建立據點的權利。4 年後,他又獲得了全島的管理權。

萊佛士指示新加坡第一任參政司將其開放為自由港、免稅港。

就此,新加坡全球轉口貿易的角色被寫入了基因。

經歷英國百年的殖民文化和開放經商後,這個小島聚集了移民人群。1965 年,新加坡走向了獨立,成為一個國家。建國者李光耀此時僅有 42 歲,他接受西方教育,又深知東亞

人文，後被認為具有威權主義屬性。

此後30年間，李光耀利用新加坡特殊的地緣政治施展「小國大外交」，新加坡人攜帶著危機感開拓進取、擁抱世界，這個小島最終成為全球開放經濟體的「綠洲」。它環境宜人、文化多樣、經濟開放、政府高效透明，頗受資本家和科技新貴的歡迎。

不過，50多年過去了，新加坡政治的實際掌控人依然是李光耀家族及其政黨。這是新加坡人面臨的歷史難題。當今世界格局和秩序正在重建，地緣政治震盪，強烈依賴外來資源、要素的新加坡面對的挑戰越來越多。

本部分關注新加坡如何從一個傳統落後的島國成為一個開放發達的現代經濟體。

01 移民國：何以生存

1945年9月12日，一個不尋常的上午，新加坡的市政局大廈聚滿了圍觀民眾，22歲的李光耀也身在其中。他看到一名身穿白色海軍制服的軍官走上了臺階，隨後脫下了軍帽，向士兵歡呼。那是路易斯・蒙巴頓勳爵，有著英國貴族血統的海軍元帥，時任二戰東南亞盟軍總司令，與他同行的還有7名同盟國部隊軍官。人群沸騰了，他們看著7名高級日本將領簽下降書。

新加坡的危機感

日軍撤退，新加坡人民終於結束了日治下殘酷的 3 年噩夢，重歸英國的「寧靜」殖民統治。

19 世紀初，新加坡就成為英國的海峽殖民地。起初多是華人移民，而後「海峽土生華人」越來越多。土生華人早已習慣了英式殖民地文化，社會富裕階層更以子女接受英式教育為榮。李光耀也是其中一員。他的曾祖父從廣東下南洋，隨後在此經商，祖父經營輪船事務，家道昌盛。日軍入侵時，他就讀萊佛士學院 ── 新加坡最好的英校。

1946 年，李光耀登上了大不列顛號客輪，前往英國倫敦經濟學院求學。幾週後，他轉到劍橋念法律，保持著名列前茅的成績。

遠在歐洲的李光耀時刻關心著新加坡的局勢。新加坡在英總督統治下，進行著緩慢的復甦。

李光耀與結識的殖民地留學生之間，時常激烈討論新加坡、馬來西亞的未來。在劍橋求學期間，他遇到了曾經在萊佛士學院任教的經濟學導師吳慶瑞，兩人志同道合，有著相似的理念。後來李光耀執政新加坡，吳慶瑞也在經濟方面做出了重大貢獻。埋頭苦學的同時，李光耀加入了劍橋大學工黨俱樂部，每逢週五去聽英國工黨政府部長的發言。

「我這一代在第二次世界大戰結束後到英國留學的新馬學生，完全接受了工黨政府的公平合理綱領，我們也很嚮往成

熟的英國制度。我們把在英國看到的一切，拿來與新加坡和馬來亞比較……在新加坡的憲制舞臺上，根本看不到任何政治力量……我深切感到我們這一代人回到新加坡的時候，必須填補這個政治舞臺。」[24]

1950 年，通過英國律師資格考試的李光耀返回新加坡。大學畢業的他在一家律師事務所工作，親身接觸政府作為後，他更加「怒其不爭」。

1952 年，在一次代理郵電工人的罷工運動中，李光耀獲得了知名度。他聯繫了當地報紙發表社論，幫助郵電工人撰寫宣言、罷工遊行，最終吸引了大眾輿論的關注與支持。工會領袖得以與政府和談，罷工取得了勝利。身為受過良好教育的年輕本土華人，經此運動，李光耀迅速出頭，成為新興階層的出眾代表。

一次次接觸後，李光耀結識了工人階級的活躍分子與核心力量。1954 年，在他的主張下，人民行動黨就此成立。雖然此時這個組織仍然薄弱，但早就有心從政、立志改變新加坡政治生態的李光耀意志堅定，他與同志們四處奔走演講，角逐議員選舉，擴大黨派影響力。

1955 年，新加坡罷工運動此起彼落，律師兼議員身分的李光耀從中調停。同年 7 月，同為英國殖民地的馬來亞聯邦

---

[24] 李光耀. 風雨獨立路：李光耀回憶錄（1965～2000）[M]. 北京：外文出版社，2001.

新加坡的危機感

大選後，巫統[25]首領東姑·拉赫曼向英國提出了「獨立」的訴求並且大獲勝利，兩年後馬來亞獨立。

滿腔抱負的新加坡首任首席部長[26]馬紹爾受到激勵，也試圖追求「獨立」，當時任人民行動黨祕書長的李光耀深知這是海市蜃樓，但辯論無效。果然，全權獨立的訴求惹惱了英國。林有福接任新加坡首席部長，同時提交了新的憲制大綱給英國議院，建議新加坡為「自治邦」。

1959年，新加坡取得自治地位。同年5月，新加坡開始了第一次大選。人民行動黨在51個立法議院議席中贏得43席，大獲全勝。

35歲的李光耀正式執政新加坡。

英國總督退出新加坡，英國國旗也從新加坡的上空降下。新的國徽、國歌誕生，新的政府機構改革、城市面貌改造、公務員降薪……新一屆政府有條不紊地展開著國內建設。然而，英國人的「大馬來西亞」目標從未熄滅。

起初，東姑·拉赫曼堅決反對與新加坡合併，其對國內的政敵社會主義分子十分警惕。這時，人民行動黨對外的標籤仍然有濃厚的社會主義氣息。其實，李光耀對此也保持警

---

[25] 巫統是馬來西亞的一個政黨，同時也是該國政黨聯盟「國民陣線」的創始者及最大黨派。自馬來西亞1957年獨立後至2018年馬來西亞大選為止，巫統一直是該國的執政聯盟首領，主宰著馬來西亞政治。
[26] 1955年，新加坡由英國殖民政府改為部長制政府。

惕。他並不希望獨立的新加坡走向這條道路。

在英國推動下，李光耀提出了一個更大的合併方案，包括婆羅洲英國三屬地。經過了多次談判和重重困難，馬來亞改變意見，同意與新加坡合併成為馬來西亞聯邦。

然而，政治合併終究拗不過人民意志，百姓的分裂造就了兩股相互敵視的力量。合併第二年，馬來人與華人爆發種族衝突。此次衝突使馬來西亞政府開始執行馬來西亞新經濟政策以消滅種族及經濟差異同時減低貧民率，加強馬來人在馬來西亞的經濟地位。

無可奈何之下，繞開英國，李光耀與馬來西亞首相東姑·拉赫曼簽署了一份協議——利茲協議，新加坡的命運就此改變。

1965年8月9日，星期一，10時，新加坡廣播電臺的流行歌曲突然中斷。廣播員莊嚴又簡潔地讀完了一份宣言——「我，李光耀，以新加坡總理的名義，代表新加坡人民與政府，宣布自1965年8月9日起，在自由、正義、公平的原則下，新加坡將永遠是一個自由、獨立與民主的國家」。緊接著另一份宣言，馬來西亞東姑·拉赫曼也宣布，新加坡不再是其一個州，成了一個獨立自主的邦國。

這兩份宣言分別用馬來語、華語、英語播送一遍。此前，李光耀已經會見了各國使團，將新加坡獨立的消息傳

新加坡的危機感

了出去。對此,新加坡華人區如釋重負,人們放鞭炮慶賀。然而,新加坡獨立,實非李光耀所願。在當天電視臺的記者會上,當追述幾天前的吉隆坡會談時,李光耀心情激動,口不能言,停頓了 20 分鐘才繼續回覆記者。

「眼前困難重重,生存機會非常渺茫。新加坡不是個自然形成的國家,而是人為的。我們把它繼承過來,卻沒有腹地,就像心臟缺少軀體一樣。」李光耀內心始終盤桓著一個問題:如何生存下去?

新加坡國土面積僅有 685 平方公里,人口僅 200 萬人,放棄了抱團成長,獨立只會更難。李光耀不禁感到茫然。當時,開始的第一個要緊事是解決就業。政府預測下一年的失業率將達到 14%,情勢很糟。如果沒有妥善處理,新生的政府極可能迎來動亂。

即將撤離的英國駐守隊伍給了新加坡一個重創。新加坡國內生產總值裡,英國駐守防務開支就占了 20%。英軍的撤離,還引發了新加坡國內資本外流的恐慌。李光耀前往同樣歷經英國撤退的馬爾他考察,發現這裡的港口工人已然悠哉度日了,暫時憑藉英國企業給予的裁員補償。然而,他意識到,絕不能讓新加坡的工人「靠討飯缽過活」。

況且,長期來看,大英帝國光輝逝去,新加坡的價值也隨之消散。新加坡過去以轉口貿易和資源出口為主的產業完

全是在英國殖民地這一角色下堆積起來的，1959年以前，新加坡國民收入的75%來自轉口貿易。倘若離開英國，新加坡應該走哪條路？李光耀的思考是務實的：「新加坡的轉口貿易已經達到極限，往後會進一步式微。我們想方設法，願意嘗試任何切實可行的點子，只要能製造就業機會，我們不必負債過日子就行。」

更為難得的是，充滿危機感的新加坡有著全球化的視角：需要在全球競爭中找到一個獨特的優勢。李光耀為新加坡的未來畫下了藍圖：「處在第三世界地區的新加坡，要成為第一世界的綠洲。」

02 開放體：第一要事

李光耀找到了荷蘭籍經濟學家阿爾貝特·溫斯敏特，後者曾在1961年聯合國技術署的一個專案下訪問新加坡，此後20多年他成為新加坡的經濟顧問。溫斯敏特教授認為，此時的新加坡「正走在刀刃上」。

雖然同是落後的第三世界，但或許因為歷史遺留因素與資源匱乏、邦國狹小的緊迫感，這批接受英式教育的開國者們一開始就選擇了不一樣的道路。

當時，一派經濟學家將跨國公司視為對開發中國家的廉價土地、勞動、原料的剝削者。開發中國家向先進國家出售

廉價的原料，又向其購買消費品。這種理論沒有引發李光耀的共鳴：「我們有實實在在的問題要解決，不能受任何理論或教條的約束。我們的責任是為新加坡 200 萬人提供生計。」

相反，他們的想法是，倘若能夠吸引跨國企業的工廠，也就能吸引來資金、知識、市場和人才。因此，與 1960 年代一批追趕者們慣行的「幼稚產業保護」政策相反，新加坡從一開始就擁抱了開放。

過去，新加坡作為貿易中轉樞紐，一部分是得益於天然的地理優勢，另一部分則是英國的「照顧」。而現在，新加坡必須要培養起本土的、能夠說服投資者投入資金的條件。

1961 年成立的經濟發展局變身為一個一站式服務機構，工作內容就是吸引和服務外來投資者、企業家。這群經濟發展局官員年輕有為，幹勁十足。然而，此時的新加坡仍然是第三世界國家中沒沒無聞的一個，「經濟發展局官員有時拜訪四五十家公司，才找到有一家有興趣訪問新加坡」。與此同時，新加坡修建基礎設施，比如，完善的工業園區；參與工業投資；推出財務獎勵、免稅等措施；穩固勞資關係；等等。

歷經數年的摸索後，1960～1970 年代美國的電子產業轉移浪潮選中了新加坡。1968 年，德州儀器、惠普等公司決定來新加坡設廠。隨後，一批美國電子公司接踵而至。1970 年代，新加坡出口工業的外資年成長率達到了 10%～20%。

歷史的眼光：從過去看未來

1973 年，新加坡經濟年平均成長達到了 12.5%。

在製造業讓新加坡的機器運轉起來的同時，李光耀及其內閣部長們開始瞄向了另一個目標：東南亞的金融中心。

1968 年，經濟發展局局長韓瑞生向溫斯敏特尋求建議，後者給出的首要建議是解除外匯限制。新加坡當即決定放開外匯管制，允許資金在新加坡自由流動。

放下身段，放開限制，新加坡迅速吸引了大批外資匯入。比如，新加坡宣布取消非居民利息預扣稅，所有亞元存款無須遵守法定流動資產和儲備規定；外籍居民在新加坡開戶存款的利息可自由匯出；外籍居民在亞洲貨幣金融機構的存款、亞洲美元債券、新加坡政府發行的免稅公債均可免收產業稅。跨國銀行機構率先入局，在此進行中轉交易。隨後新加坡的外匯、證券等金融衍生產品交易市場、基金管理市場等也日益壯大。

李光耀在回憶錄中提到，1980 年代中期後，同區域的其他國家紛紛效仿新加坡實施更為優厚的稅務獎勵措施，但其實新加坡金融中心的根基在於專業透明的金融監管，這背後是「法治和司法獨立，穩定、稱職而清廉的政府。財政部每年都要有預算結餘，新幣堅鋌而穩定」。

其實，獨立後的新加坡從制度上就做好了「嚴控貨幣」的準備。

新加坡的危機感

早在 1965 年新馬分家後，兩國準備發行各自的貨幣，李光耀同吳慶瑞就認定，新加坡放棄央行制度，保留貨幣局，貨幣局每發行 1 新幣都要有百分之百的外匯存底。時任財政部部長林金山認為，「對一位喜歡在財政預算出現赤字時玩弄數字的財長來說，有個中央銀行就等於開了道方便之門，我想，我們沒理由讓新加坡的財政部部長面對這樣的誘惑」。後來，新加坡金融管理局兼備了央行的各項職能，但是無貨幣發行權。

1980 年代，新加坡 GDP 以 7.7% 的速度成長。新加坡已經著重引進高增值、高技術的產業，半導體、石化、精密機械製造、光學器械等持續加碼在新加坡落戶。當然，這種產業政策是有收有放的。政府並未篩選工業，而是將這項工作留給了跨國公司，「讓它們自行選擇認為能成氣候的工業」，政府的工作著眼於經濟目標的擬定和檢討。

新加坡政府的確扮演了一個「全能的服務者」的角色，但是始終守住了自由市場和對外開放的底線。

人才的培養無法像基礎設施、政策那樣快速得到回報。1970 年代末，新加坡政府開始了人才培育計畫。政府每年都會選出最優秀的一批學生頒發獎學金，並且保送他們去英、美、加等國接受教育，讓這群年輕人成為新加坡第一批企業家。另外，新加坡向日本、德國、法國和荷蘭發出邀約，在

◆ 歷史的眼光：從過去看未來

新加坡成立培訓中心，讓新加坡的本地工人接受專業訓練。優質的工人素養，成為在稅收、政策便捷度之外對外商工廠投資的又一加分項。

1990年代，資本、資訊、技術等要素在全球快速流動，一開始就堅守開放的新加坡「守得雲開見月明」，發展也更上一層樓。在全球化加持下，新加坡進一步鞏固了全球自由貿易港、亞洲金融中心的角色。全球稅收窪地、高效的政府、公開透明的制度、高素養的人才，吸引了大批跨國企業、新興高科技企業入駐新加坡。

對國內外資本一視同仁，是新加坡一個鮮明的特色。直到1980年代後期經濟步入快車道，新加坡也沒有採取降低外資占比的措施。1990年，外國在新加坡投資總額為24.8億美元，其中美國占42.5%，日本占28.5%。1972～1989年，製造業總投資為204.5億新元，其中外資占80%。

李光耀始終有著全球化視角和前瞻性。1992年，李光耀加入了JP摩根國際諮詢委員會，見識到美國一流銀行高層的專業化素養。

後來，李光耀與本土四大銀行中的3家溝通，發現這些人仍然希望政府能約束外資銀行，「他們尚未意識到，排他、不放眼天下和缺乏前瞻性的心態有多麼危險」。

1998年，在李光耀授意下，時任金融管理局主席李顯龍

開啟了對金融業的改革。政府注資的新加坡發展銀行聘請來摩根銀行的資深高階主管。新加坡政府批准外資特准全面銀行增設更多分行,撤銷對外國投資者在本地銀行的股許可權制,開放國內銀行業,迫使本土銀行提升服務,參與競爭。

03 現代化:兩相悖論

在住房、醫療、養老等關切民生的公共制度上,李光耀的理念及舉措有著明顯的差別,用他的務實主義態度來理解是恰當的。

各國都頭痛的住房問題,新加坡是如何解決的?在一個以移民人口為主的國家裡,李光耀希望以「住者有其屋」來建立起新加坡移民人口對這個國家的認可感,嚴控土地供給和價格,以保障中低收入階層有房可住。

1960年代,新加坡在城市面貌上與多個東南亞國家無異,住房緊缺、環境汙染、貧民窟成群。建屋發展局就此成立,為工人提供廉價住房。

新加坡採取土地國有制,建屋發展局不僅統一規劃、開發和建設國宅,也成為其住宅市場的主要供給方。但是,政府不收取土地溢價。《新加坡憲法》規定,政府財政營運不能動用國有土地出售所得資金。所有的國宅定價以中低收入居民為參考,爭取維持4～5的房價收入比。而高收入不符

歷史的眼光：從過去看未來

合標準者，只能以高價購買少量私人住宅房屋。

1960 年，新加坡只有 10% 左右的居民擁有住宅。幾十年來，建屋發展局累計建成超過 100 萬間國宅。目前，新加坡超過 80% 的家庭居住在政府提供的國宅裡。新加坡的住房自有率超過 90%，先進國家的住房自有率一般在 60% 左右。

另外，李光耀杜絕公共福利氾濫。在英國讀書期間，李光耀親身受用過醫療福利保障，但是內心始終不認可。他認為，個人應盡量承擔各自的義務。「全民享受免費醫療」不僅給社會帶來了巨大成本，也會削弱激勵，成長停滯。

新加坡政府沿襲並加強了英國殖民時期創下的中央退休金制度，要求每個公民進行一筆強制儲蓄，最初只是薪資額的 5%，1968 年後政府每年都提高退休金繳納率，到 1984 年已經達到 25%。

基於新加坡連年經濟成長的曲線，實際居民到手的薪資連年仍在增加，所以並未引起異議。1984 年，新加坡政府推行「保健儲蓄計畫」，其實就是從每個人的退休金帳戶中撥出一部分以償付醫療費用。

新加坡以「高薪養廉」，公務員和國有企業員工的薪資與市場銜接。國有經濟部門會引入市場化的績效考核、預算管制等方式，新加坡政府並未出現國有經濟部門在強大計畫政策下會出現的痼疾。

新加坡的危機感

甚至，政府預算管制被寫入憲法，對政府財政預算案過程、財政儲備的使用、財政的監督管理許可權都做出了規定。而在政府預算的評估機制裡，資本化指標是一個重要衡量標準。各部門必須不斷壓縮自身執行成本，增加收入。

新加坡經濟上的「清明、高效」仍基於政府強大的權威。它將新加坡從遍布貧民窟的小國變成了世界聞名的花園城市，其政府效率、公共服務能力乃至國民教育素養都傲居全球前茅。這的確是「新加坡奇蹟」。但是，它依賴一批理性、勤勉、務實和具有理想主義的菁英。

獨立後的新加坡承襲了英國的議會制度，議會選舉，勝出的政黨組閣。新加坡獨立後，人民行動黨連續執政60年。新加坡實行民主投票、司法獨立，人民行動黨的確是民選政府，但是「國父」李光耀一手組建起來的新加坡政府缺乏競爭性，權力監督和制約不靠制度，而靠菁英、靠「人治」。

「好的政府應該是誠實有效率的 —— 能夠保護人民，讓人人有機會在一個穩定有序的社會裡自我提升和過上好日子。」這是李光耀對好政府的解讀。

1990年代以來，西方媒體對新加坡「威權統治」的批評不絕於耳：人民行動黨對於反對黨的鎮壓、國內媒體輿論的管控和李氏家族對國有資本的所有權等。1990年，李光耀卸任總理，新任總理王作棟進行了一系列改革，但是未觸及根本。

歷史的眼光：從過去看未來

1991年，新加坡修改憲法，規定總統由人民直選產生。1993年，副總理王鼎昌成功當選第一位民選總統，然而他發現自己處處受限。王鼎昌在卸任時說，新加坡人很幸運，在過去的35年中有一個廉潔並且有能力的政府。

2004年，李顯龍接任總理，成為新加坡建國後的第三任總理。

李顯龍從1979年開始從政，有著豐富的經濟治理經驗。然而，外界普遍認為，李顯龍缺少其父的深遠洞察力，尤其是在外交上，不具有李光耀周全睿智的外交策略。

2011年，人民行動黨在國會選舉中得票率下滑到有史以來最低。此時的社會財富、階級結構、社會心理乃至國際局勢都有顯著的不同。李顯龍面對著新一代的國民，與開拓者相比，他們在走向現代化的過程中更加渴望政治自由，而非經濟自由。問題的本質是全球化、現代化的新加坡能否徹底告別威權主義色彩？

李光耀被認為是威權主義過渡到開放國家的典範。人們感興趣的是李光耀為何沒有行至中途煞車？根據斯密定律，市場規模決定技術分工。新加坡市場狹小，只能融入國際市場，加入全球化的產業分工中精進技術。如此，大眾、政治強人與這個國家的利益位在一個目標上。

在新加坡的建國史中,蘊藏著政治強人開放與務實的智慧。然而,在如今國際舊格局搖搖欲墜、秩序崩坍的時代,新加坡人渴望政治自由又依賴菁英政治,如何抉擇?

或許,新加坡人的價值觀已經給出了答案。建國之時,李光耀聽從了溫斯敏特的建議,保留下新加坡河畔點的萊佛士雕像。此後,萊佛士雕像一直矗立於此,見證著新加坡國民的來來往往。如今,萊佛士成了新加坡的精神。

參考文獻

[1] 李光耀. 風雨獨立路:李光耀回憶錄(1965～2000)[M]. 北京:外文出版社,2001.

[2] 李光耀. 經濟騰飛路:李光耀回憶錄(1965～2000)[M]. 北京:外文出版社,2001.

[3] 劉勁. 新加坡模式研究[R/OL].(2021-05-20)[2023-04-06]. https://opinion.caixin.com/2021-05-20/101715511.html.

● 歷史的眼光：從過去看未來

經濟哲思：理論與現實的交融

　　思潮絡繹不絕，觀點川流不息。在以思想為商品的無形「集市」中，「消費」更便捷，也更複雜。那些似是而非的真理、演算法助長的資訊繭房（Information Cocoons），似野草般瘋長。

　　思想拂塵，文明進化，本就是一場一個個自我與人性低點的漫長競賽。但我們不得不思考：思想市場交易的干涉邊界在哪裡，如何確保制度有效性、監督不缺席。

　　正如約翰・彌爾頓（John Milton）所言：「讓她（真理）與謬誤交鋒吧，誰看見在自由而公開的交戰中，真理會敗下陣來？」

經濟哲思：理論與現實的交融

歐肯與《經濟政策的原則》

與傅利曼、海耶克、芝加哥學派相比，歐肯與其開創的弗萊堡學派的名聲要低調得多，很多人並不了解他們。

的確，這個學派專注於研究實用主義的經濟政策，對經濟學領域的一般性理論的研究相對較少，因此受到的關注較少。

然而，歐肯與弗萊堡學派的理論卻經常被政府經濟政策顧問作為參考。

二戰後，德國的經濟快速恢復，保持了 30 年的高成長。如今，德國是全球第四大經濟體，是歐洲第一經濟大國，是歐元區經濟穩定最堅實的靠山。德國製造業是高階製造和「工匠精神」的代名詞。而且，德國私人部門的整體負債率很低，製造業現金流充足、經營穩定、技術扎實。

對於德國歷經的 30 年成長，歐肯及弗萊堡學派的思想作用重大。

歐肯在二戰後擔任聯邦德國政府經濟部諮詢委員會委員，參與德國經濟政策的制定。

弗萊堡學派另一位重要人物，路德維希·艾哈德（Ludwig Erhard），也先後擔任過德國巴伐利亞政府經濟部部長、德

國英美占領區經濟署署長,以及德意志聯邦共和國經濟部部長、副總理、總理等職務。

路德維希·艾哈德被稱為德國的「社會市場經濟之父」。他推行的社會市場經濟政策,基本是繼承了歐肯的經濟思想,最終還以《基本法》的形式確立下來。

本部分分析和回顧歐肯的經濟學思想及其在德國政策中的實踐。

01 如何開啟第三條道路

西元 1891 年,歐肯生於德國耶拿。他的父親是一位哲學家,曾獲得過諾貝爾文學獎。父親的哲學背景對歐肯的經濟思想產生了重要影響。

1913 年,歐肯獲得了萊茵弗里德里希 - 威廉大學經濟學博士學位,其博士生導師為赫爾曼·舒馬克。

一戰後,歐肯從戰場回到大學任職,擔任舒馬克教授的助理。

正是在此時,德國爆發了歷史性的惡性通膨。

當時的通貨膨脹嚴重到什麼程度?一戰前,一美元兌 4.2 德國馬克,但到了 1923 年,一美元可以兌 4.2 兆馬克。

這次惡性通膨,將大部分德國人辛苦累積的財富化為烏

經濟哲思：理論與現實的交融

有，給德國人帶來了極大的痛苦。對通貨膨脹的恐懼，成為當時的時代記憶。

當時，德國經濟學界被歷史學派統治，這一學派主張經濟理論應依賴本國文化，否定古典主義的普適性和一般規律，強調一國經濟政策的特殊性。例如，歷史學派強調「德國特殊論」，反對經濟自由主義，主張「國家干涉主義」，最終走上了支持德國國家主義擴張之路。一戰後，歷史學派對德國的惡性通膨束手無策。

至此，歐肯果斷地拋棄了歷史學派的學術理論，赴波昂追隨當時德國極少數反對歷史學派的經濟學家之一海恩里希‧迪策爾。

「迪策爾將經濟體制區分為競爭體制和集體體制，把各國的經濟想法視為集中和分散秩序的混合體。」歐肯完全接受了這一主張。

而博導舒馬克則啟發歐肯提出了新的經濟研究方法和思路。

當時，歷史學派和奧地利學派就經濟學方法論展開了一場論戰，雙方代表人物施穆勒和門格爾互不相讓。歐肯並沒有站到任何一方，而是提出了中庸策略。

他主張從現實經濟的問題中提煉出一些決定性的因素以及關聯關係，並將其提升到一般性理論。這種做法其實就是

歐肯與《經濟政策的原則》

將特殊性與一般規律相結合,將一般理論與現實問題相結合來分析問題。

在後來的著作《經濟政策的原則》中,歐肯對自由放任和集中管理這兩大經濟政策都做了批判。歐肯不贊同集中管理,因為他認為這樣做容易限制自由和削弱公共福祉;他也不贊同新古典主義主張的自由主義經濟,認為自由放任帶來的私權如壟斷力量,最終會破壞自由競爭。

他的看法是,人們的知識是有限的和不完全的。工業化和技術進步的衝擊,導致市場越來越複雜、資訊越來越混亂,人們對市場的判斷更加模糊。所以,市場容易失靈,政府必須有所作為。但政府不能亂作為,而是應該以立法和政策的方式來管理市場。

最終,歐肯走了「中間道路的經濟政策」,提出了「競爭秩序」,也稱「奧爾多秩序」。1939年,歐肯出版了《國民經濟學基礎》,這本書象徵著競爭秩序理論的形成,以及弗萊堡學派的成熟,也奠定了他身為弗萊堡學派主要創始人的地位。

其實,那時歐肯以及弗萊堡學派在德國的處境並不妙。由於歐肯反對迫害猶太人並批判納粹政策,他的猶太裔妻子遭到了納粹黨的迫害,三位弗萊堡圈子的朋友被拘禁,歐肯本人也多次被蓋世太保傳訊。

其實,《國民經濟學基礎》是對競爭秩序理論的研究,《經濟政策的原則》則是這一理論的經濟政策。後者是歐肯去世後,歐肯夫人與學生恩塞爾根據歐肯的遺稿編輯而成的,於1952年首次出版。

歐肯的競爭秩序是一種怎樣的秩序呢?

歐肯解釋稱,競爭秩序是一種「有運作能力的、合乎人的尊嚴的秩序」。用他本人的話來說就是:「要求遵循經濟的客觀規律性只是競爭秩序的一個方面,它的另一方面在於同時要實現一種社會和倫理的秩序要求,將兩者緊密結合正是競爭秩序的優勢。」這段話不是很好理解,可以簡單認為競爭秩序既符合市場規律,又關照人的倫理。

歐肯認為,公權和私權都可能濫用,從而危害經濟自由。歐肯的競爭秩序,有別於當時的社會主義經濟和資本主義經濟,形成了「第三條道路」。

02 幣值穩定為第一目標

當然,具體而現實的問題仍待解決:政府是否該干涉經濟?干涉到什麼程度?政府與市場之間的邊界如何劃分?如何約束央行的貨幣衝動?在經濟效率與公平分配之間如何兼顧?

歐肯認為,建立競爭秩序首先要制定一部經濟憲法,透

過經濟憲法來約束公權和私權的濫用。所以，理解了經濟憲法也就能掌握歐肯這本書的精華所在，經濟憲法包括7個原則。

第一個原則是保護有執行能力的價格體系。

「有執行能力的價格體系」是在強調讓市場的價格機制正常發揮作用。歐肯非常重視價格機制的作用，他認為只有價格機制正常執行，才能保障市場自由競爭；如果做不到這一點，任何經濟政策都會失敗。

歐肯對市場的自由競爭中，「自由」的定義是「無權力依附關係」，即自由受法律保障，公權力不能干涉。歐肯的秩序競爭也因此被稱為「秩序自由主義」。

經濟憲法的第二個原則為貨幣政策的首要地位，也就是央行必須把穩定貨幣幣值作為其貨幣政策的首要目標。筆者認為，這一點是本書最重要的部分，也是解決目前世界債務問題和經濟危機切實可行的辦法。

早在1923年，歐肯就出版了《德國貨幣問題的批判考察》一書。這本書代表歐肯與歷史學派的決裂。其實，競爭秩序理論的建立，也是從研究貨幣制度開始的。

歐肯在書中寫道：「只要幣值的某種穩定性得不到保障，一切為實現競爭秩序的努力都是徒勞的。因此，貨幣政策對競爭秩序來說是占有優先地位的。」從這裡可以看出，歐肯

經濟哲思:理論與現實的交融

認為穩定貨幣是根本性的原則,是整個政策體系的核心。

什麼叫優先地位?當央行的穩定幣值政策目標與其他經濟政策目標發生衝突時,或穩定貨幣與經濟發展出現衝突時,中央銀行必須頂住來自各方面的壓力,優先把穩定貨幣放在首要位置。

這就是貨幣幣值的優先地位。

為什麼歐肯如此極度強調幣值的穩定,這讓我們有所不解。在現實中,大部分國家也並沒有按照這個原則行事。

例如,美國的貨幣政策目標不只有穩定貨幣價值,聯準會的貨幣政策要同時支持三個目標:就業、穩通膨和金融穩定。當前多數央行的貨幣政策目標在執行過程中,都難以把維持幣值穩定置於其他需求之上。

為什麼歐肯的幣值穩定原則沒有被大多數國家採納呢?其中一個原因在於,當年的主流經濟學界有另一套理論。

1958年,紐西蘭經濟學家威廉‧菲利浦提出了著名的「菲利浦曲線」。薩繆森將「菲利浦曲線」改編後納入麾下,作為新古典綜合學派的理論重點,這個理論的核心觀點就是可以透過增加通膨來實現充分就業。

此後,美國按照這個理論來制定貨幣政策,每當失業率增加時,就推行更為寬鬆的貨幣政策,一開始確實有效。

但到1970年代,美國陷入了前所未有的停滯性通膨,無

歐肯與《經濟政策的原則》

論發出去多少貨幣，經濟都沒有起色，這象徵菲利浦曲線的破產。美國長時間執行凱因斯式政策，將貨幣政策服務就業目標，終於付出了沉重的代價。

德國的政策在這一時期也倒向了凱因斯主義。1967年，在經濟衰退之際德國頒布了《促進穩定與成長法》。這部法律試圖用「開明的市場經濟」來替代社會市場經濟，並推行凱因斯主義的反週期調節政策。

該法的第一條就規定，各種經濟和財政措施，要注意總體經濟的平衡要求。這些措施要有利於經濟成長、價格穩定、高就業與外貿平衡。這就意味著，貨幣政策也要服從總體經濟成長或其他目標。這違反了歐肯的貨幣政策優先原則。

之後，德國為確保經濟成長，實施了擴張性的財政政策，從而導致國家債務迅速增加。1970年代，石油危機爆發，德國經濟陷入高債務、低成長、高失業的困境。不過，德國人很快就意識到了問題，調控性的總體經濟政策被廢止，這部法律也名存實亡，德國經濟政策恢復到社會市場經濟，經濟得以復甦。

而美國走出停滯性通膨泥淖的代價要高得多。在1970年代，美國兩屆政府使用了各種經濟政策都不奏效。直到1979年，保羅·沃克擔任聯準會主席後，不顧國內強烈的反對意見，一口氣將聯邦資金利率提升到20%以上，美元應聲大漲。

◆ 經濟哲思：理論與現實的交融

　　沃克這一舉動可謂與世界為敵，由於美元急速升值，美國經濟遭遇重創，失業率突破 10%。

　　不過，沃克依然不鬆手，死命按住通膨這隻「老虎」，就這樣美國才得以走出持續了 10 年左右的停滯性通膨泥淖。

　　回顧這段歷史，我們對沃克鐵腕治通膨的勇氣和魄力佩服不已。而《經濟政策的原則》後，我們可能會更欽佩歐肯對貨幣政策優先的偏執與英明。

　　歐肯的智慧對中國也有重要的參考價值，我們應該反思的是，貨幣政策的目標到底是什麼？貨幣政策服務總體經濟目標以及其他各種目標是否恰當？

　　中國央行原行長周小川曾坦誠地說，對於中央銀行來說，維持價格穩定的單一目標制是一個令人羨慕的制度，它簡潔、容易度量、便於溝通，但對現階段的中國不太適合，這與中國處於經濟轉型中的國情是分不開的。

　　歐肯在書中說：「不是經濟為貨幣作出犧牲，恰恰相反。」堅定不移地把穩定貨幣放在首位，這樣做事實上是對其他政策目標的最大支持，也是對經濟發展的最大貢獻。

　　歐肯強烈要求貨幣政策優先，還有一個很重要的原因是，他非常擔心貨幣政策這一公權力被濫用以謀私利。

　　他在書中說：「一種非自動虛構的貨幣憲法有被濫用並造成通貨膨脹的巨大危險。」經濟集團利用對應通貨膨脹的措

施,如信貸擴張、貨幣貶值和低利率政策等,企圖以「充分就業」為幌子獲取經濟利益。使用貨幣擴張手段獲取集團利益,這種手段隱性而凶猛,令人印象深刻。

所以,歐肯和弗萊堡學派提出貨幣「區間論」,也就是為貨幣供應成長率確定一個範圍。從 1979 年開始,聯邦德國央行根據這個理論,明確了貨幣成長率的區間指標。這是德國馬克一直保持穩定且強勢的直接原因。

弗萊堡學派還要求央行向大眾公布「貨幣目標」,以穩定市場的預期,並接受大眾監督。自 1974 年起,聯邦德國央行一直實行這種制度,且效果顯著。

這兩項政策,與傅利曼提出的對貨幣增量目標固定且立法的舉措,有著異曲同工之妙。只是傅利曼的建議並未被聯準會採納,聯準會依然採取凱因斯主義的相機選擇。

歷史證明,美元價格的穩定性不如德國馬克,美元的不穩定性間接誘發了 2007 年的次貸危機,兩種不同貨幣政策發揮作用差異很大。

03 德國租賃住房的經驗

在金融方面,弗萊堡學派不主張透過物價上漲、增加貨幣及稅收等辦法來籌集資金。他們主張利用銀行信貸、股票、債券這三種自由市場融資,主張強化金融管制,不提倡

創造過多的金融衍生品。

他們還認為發行人民股票是最優的募資形式。所謂人民股票，就是將國營企業股份分配給國民持有，成為公眾型公司。如今德國賓士、福斯都類似於公眾型公司，這些公司的股權分散、股價平穩，並且獨立董事會穩定。

弗萊堡學派的金融理論強化了德國金融政策的謹慎與大眾的理性。德國法蘭克福雖然是歐洲第三大金融中心，但實力遠不如倫敦和蘇黎世，更無法與紐約、東京相提並論。

貨幣謹慎主義、金融管控以及合理的房地產政策，讓德國房價一直處於低價且非常穩定，房地產泡沫、債務率以及金融風險都不高，民眾有房可住，屬於理想的房地產政策。

縱觀全球，除了新加坡等小國，大多數國家諸如日本、美國、英國、中國，都執行了房地產市場化政策。這一政策實施的關鍵是大規模貨幣支持，如 2007 年之前的美國次貸政策，又如中國的土地融資政策。

擴張性貨幣支持下的房地產市場，必然將整個社會推入高維生存的邏輯，即高房價、高債務及不穩定性。

然而，德國獨具一格。

我們可以將其與美國對比：德國主要靠租賃市場，美國主要靠銷售市場；德國深度干涉房地產市場，美國則將房地產市場自由化，甚至證券化、貨幣化。

歐肯與《經濟政策的原則》

德國房地產市場比美國更穩定,德國民眾為住房支付的成本比美國低,真正做到了安居樂業。

德國模式採用政府干涉的租賃模式,不將房地產作為經濟的支柱產業,而作為民生所需。但德國的土地是私有制,政府無法像新加坡一樣大量供應土地,它提供的保障房(社會住宅)極少。那怎麼辦?

德國政府主要靠鼓勵各種市場主體供應租賃房源。德國住房租賃比率高達54.5%,房屋自有率很低。在柏林、漢堡等城市,租賃比率超過70%。超過一半的德國人沒有自己的房子,靠租房居住。

二戰後,德國百孔千瘡,住房嚴重不足,1949年德國房戶比不到0.65。當時德國政治家艾哈德推行經濟改革,以保障民生、恢復經濟為主,發展政府與市場相結合的「第三條道路」。

德國政府發動一切力量蓋房,推行《住宅建設法》對社會住宅和自有住宅的建設提供貸款、補貼、稅收等優惠,住房大規模興起。

私人、企業、合作社、教堂、政府都是建房的主體。其中,政府占比最少,政府提供的主要是廉租房(社會住宅),對象為低收入者。私人自家房最多,占比達64.3%;房地產公司開發的占23.5%;住房合作社開發的占5.4%;政府和

教堂的占 6.8%。

可見，土地私有制促使土地及房源供給多元化，在一定程度可避免大型地產商壟斷土地。

1978 年，德國的房戶比達到了 1.21，住房供給出現了過剩。如今房戶比在 1 左右，基本滿足了居民的住房需求。

德國房子為何主要出租而不是出售？

二戰後，在政府的資助下，大量房源入市，但居民購房需要長時間的收入累積，租房則不需要。因此大量的房源被租賃市場消化，由於房源供給多，房價和租金上漲壓力不大，德國人逐漸習慣了租房。

在租賃市場中，38.6%的房源是居民提供的，40.4%是企業提供的，9.3%是住房合作社提供的，11.7%是政府和教堂提供的。

德國對房地產及租賃市場的管控非常嚴格。德國的公共福利，不會與房地產掛鉤。同時，德國徵收高昂的稅費，嚴厲打擊房地產暴利及投機行為。

德國政府規定 3 年內房租累積漲幅不得超過 30%。2012 年修改為不得超過 15%。2015 年又規定租金最大上漲幅度不得超過當地標準房租的 10%。由於租房是剛性需求，租金收益率一直比較穩定，通常為 4%～5%。

德國對房地產的銷售其實也限定銷售價格。德國政府會

發表一個基準價,如果開發商銷售價超過基準價20%,購屋者可以控訴開發商;如果超過50%,開發商將面臨鉅額罰款和最高3年有期徒刑的嚴懲。

其實,德國模式關鍵是,政府透過補貼各種主體供應了大規模的房源,抑制了房價暴漲。慕尼黑、柏林人口相對集中,房源偏少,房價就很高。

德國的金融系統也不支持炒房。德國實行全能型銀行,銀行多支持實體,與大型實體聯合,相對弱化證券市場。德國銀行對購屋者的收入、信用稽核嚴格,頭期款比超過20%,經常在40%,遠高於先進國家,甚至高於中國。

德國實行住房儲蓄制度,居民與銀行簽訂住房貸款合約,每個月存一筆錢,儲蓄達到合約貸款金額的40%以上才能獲得住房貸款。

這樣看來,德國的租賃模式是德國金融體系、財政支持、私有土地、科學管理共同作用的結果。最重要的是,德國政府並不打算從房地產中謀利,只將房地產作為居住民生問題來解決。

04 個人自由與有為政府

經濟憲法的第三個原則是開放的市場,第四個原則是私有制,第五個原則是契約自由。這三個原則,分別從市場准

◆ 經濟哲思：理論與現實的交融

入、產權制度以及契約制度上保障自由競爭。這些都是市場經濟的主要及典型特徵，此處不再贅述。

第六個原則是承擔責任。歐肯認為，強化經濟主體的責任，有利於投資理性以及自我約束。他在書中大力批判了有限責任公司制度，提倡無限責任。

或許，我們可以將歐肯這一理念理解為德國人的保守或過度謹慎。但是，每當人們處於危機之中後悔不已時，德國的穩定就會讓我們想起歐肯的理性與遠見。

第七個原則是經濟政策的穩定性。歐肯將經濟政策上升到經濟憲法層面，從而避免了政策的隨意性。政策隨意性容易導致市場預期不穩定，從而影響價格與供需關係，引發市場混亂。這一點對於當下的中國來說也是極具參考價值的。

以上就是歐肯所推行的經濟憲法的七個原則。可以看出，這是一部促進市場自由競爭的經濟憲法。歐肯認為，政府的經濟政策，應該更多地交給經濟憲法，從而避免公權、私權濫用，保障自由競爭與社會福祉。

那麼，政府能做什麼，不能做什麼？

歐肯對凱因斯主義的逆週期調節政策，基本持否定態度。他認為，政府的職能應僅限於為企業創造自由競爭的環境。政府對經濟應該保持最小限度的干涉，絕對不能直接干涉市場行為，也不能妨礙市場自由競爭。

歐肯與《經濟政策的原則》

政府能做的和要做的事情,更多地體現在社會保障以及競爭公平性的維護上。歐肯在書中概括為四點:壟斷問題、收入政策、經濟核算和供給的反常行為。

所以,不能誤以為歐肯不重視政府的作用。恰恰相反,歐肯倡導有為政府。

歐肯極為反對壟斷勢力,他認為壟斷勢力是私權的擴張,政府必須透過立法加以約束。同時,歐肯主張政府在收入調節方面促進社會公平,建立完善的社會保障體系,實行經濟人道主義。

我們之前說過,歐肯將他的競爭秩序界定為「有運作能力的、合乎人的尊嚴的秩序」,其中運作能力代表著自由競爭,合乎人的尊嚴則代表著經濟倫理及社會福祉。

在歐肯看來,經濟政策的目標應該是「全民福利」,即保障生產效率、個人自由和人類文明生活。歐肯從小受到父親的哲學薰陶,他將基督教倫理思想滲透到經濟思想之中,與經濟道德結合。

這不禁讓人想起了亞當斯密,身為哲學家出身的他,分別建構了倫理道德、經濟道德兩大思想體系。而歐肯更進一步,將二者結合建構了一部保護個人自由的經濟憲法,為德國戰後經濟復甦以及社會市場經濟的建立奠定了思想基礎。

1949年,《德意志聯邦共和國基本法》雖然沒有明確提出

「社會市場經濟」，但該法的諸多內容，都是歐肯及弗萊堡思想的法制化呈現。本質上，《德意志聯邦共和國基本法》是歐肯心中的經濟憲法。

1990年，兩德統一，《國家條約》明確提出德國經濟體制為「社會市場經濟」。

如今，歐肯的思想已滲透到德國市場、法律乃至民眾心中，足以令人欣慰。所謂俠之大者，為國為民，向富有人文主義情懷的歐肯致敬！

參考文獻

[1] 瓦爾特・歐肯. 經濟政策的原則 [M]. 李道斌，馮興元，史世偉，譯. 北京：中國社會科學出版社，2014.

讀《國富論》：
亞當斯密的繼承、開創和遺漏

　　西元 1767 年，結束了歐洲 3 年遊歷的亞當斯密返程回國，開始專心撰寫一本經濟學著作。

　　西元 1776 年，寫作 6 年、修改 3 年的經濟學鉅著《國富論》終於完成，象徵著經濟學作為一門獨立學科的誕生。

　　原本，亞當斯密是憑藉《道德情操論》(*The Theory of Moral Sentiments*) 一書中社會倫理領域的研究聲名大噪，獲得歐洲遊學機會。途中，他結識了許多著名的歐洲大陸學者，重農學派的創始人魁奈 (François Quesnay)、杜閣 (Turgot) 對其影響巨大。亞當斯密吸收了重農主義「自然秩序」的思想，以理性思考的方式來探索生產與交換中的市場執行。

　　當時，自然科學和社會科學正處於大分流時代，很多學者都像亞當斯密一樣身兼數職，既是哲學家又是經濟學家或者科學家。但是，他卻是當時將經濟學思想成果融會貫通、獨立著作成系統的第一人。

　　將《國富論》看作經濟學理論的開山之作，無人會反對。本部分筆者偏向於用比較的視角來再讀《國富論》，原因有三：

◆ 經濟哲思：理論與現實的交融

首先，亞當斯密在研究《國富論》之前有社會倫理學的基礎，而他在《國富論》中採用了完全不同於《道德情操論》的理論基礎，他是如何處理社會倫理與經濟學兩種思想的衝突和繼承的呢？

其次，亞當斯密在《國富論》中所提出的關於勞動分工、價值論、貨幣、價格、賦稅等論述都不足為奇，在他之前也不乏學者論述。那麼，《國富論》的開創性體現在哪裡？於是，筆者將《國富論》中所提理論與前人論述相比較。

最後，即便是偉大的思想家，也免不了時代的烙印。亞當斯密身為古典經濟學派的集大成者，是否會忽略和止步，原因又是什麼？這又給《國富論》和經濟學歷史帶來哪些遺憾？筆者願意對此進行一些探討。

01 分工與勞動價值

《國富論》開篇就講了勞動分工，結論是「分工會產生普遍富裕」，這個觀點現在已經深入人心。其實，在亞當斯密之前，休謨（David Hume）、杜閣、孟德維爾（Bernard Mandeville）、哈里斯、配第以及亞當斯密的老師哈奇森（Francis Hutcheson）都論述過分工。

在格拉斯哥大學期間，亞當斯密跟著哈奇森學習道德哲學。哈奇森認為，分工對於經濟成長非常重要。專業化生產

相對於孤島上的低微的生產力具有巨大的優勢。他還認為，發達的分工意味著有更為廣泛的知識交流，從而會促進機器在生產中發揮更大的功能。

荷蘭經濟學家孟德維爾也指出，分工是增加財富最有效的辦法，他還談到了國際分工。

亞當斯密對此的發展是，將分工認知為「經濟成長的祕訣之一」。

後來的經濟學家稱這種方式為「斯密式成長」。經濟學家熊彼得指出，此前沒有任何經濟學家將分工對經濟成長的影響提到了如此具有決定性的高度。

亞當斯密深入解釋了產生分工的原因。他認為分工是人類的本能傾向，即「互通有無，以物易物，相互交易」。同時，他認為分工的程度會受到市場規模的限制，如果市場太小，分工程度就很低，比如不能因為一個人需要一臺汽車而去建一個塑膠廠、玻璃廠、鋼鐵廠。

如果市場規模很大，就會促進分工更加精細化。中國擁有廣大的市場，有助於國內企業提高分工水準。同理，國際市場更有助於分工精細化，從而促進生產力和技術的提升。分工理論後來在產業分工和國際貿易中得以延伸發展。

亞當斯密同時認為，分工並不是全無缺點，過度的分工容易導致知識和道德退化。後來不少人就以此觀點來批判資

● 經濟哲思：理論與現實的交融

本主義的機械化分工忽略人性，將工人等同於機器，將矛頭指向泰勒科學管理制度下的工廠。

當分工確立後，如果沒有貨幣，交易將變得極為困難，所以亞當斯密繼而在書中論述了貨幣的起源。為了研究貨幣，亞當斯密收集了不少國家的貨幣，最後他得出的結論是，貨幣起源於普通商品。

之後的經濟學家幾乎都繼承了亞當斯密對貨幣起源的論述。貨幣的價值問題，其實也就是商品的價值問題，這就涉及一個很重要的理論——勞動價值論。亞當斯密之前和之後的經濟學家對此均有論述。

勞動價值論的最早提出者是英國古典主義先驅威廉·配第。配第是一個才華橫溢的經濟學家，他最早提出勞動價值論，並在勞動價值論基礎上研究了薪資、地租、利息等經濟學理論。

關於勞動價值論，配第有一句經典名言：「勞動是財富之父，土地是財富之母。」他認為，勞動是評定物品價值的重要指標。

亞當斯密繼承了配第的勞動價值論。他雖然覺得勞動很難被衡量，但依然認為勞動才是衡量價值唯一準確和重要的標準。亞當斯密總結，商品的價格由勞動者的薪資、土地的租金、資本的利息這三個要素構成。

讀《國富論》：亞當斯密的繼承、開創和遺漏

19世紀中後期，邊際主義崛起，效用價值論顛覆了勞動價值論，成為經濟學的主流觀點。

其實，在亞當斯密時代，效用價值論就已經出現雛形，勞動價值論並非當時唯一的價值論主張。當時，一些經濟學家堅持相對中立的觀點，其中非常著名的一位叫理查‧坎蒂隆（Richard Cantillon）。

坎蒂隆比較神祕，是法國的銀行家，他曾在約翰‧勞製造的密西西比泡沫中賺了一大筆錢。

在西元1730年前後，他寫成了《商業性質概論》（*Essai sur la Nature du Commerce en Général*）一書（西元1755年正式出版），這本書比《國富論》早46年問世。在《國富論》出版之前，這本書是影響力最大的經濟學著作，也是對政治經濟學論述最全面的作品。

重農學派經濟學家、休謨和亞當斯密都研究過這本書。英國經濟學家傑文斯稱《商業性質概論》是「第一部經濟學論著」。奧派經濟學家因這本書將坎蒂隆尊為「現代經濟學之父」。

亞當斯密也受到了坎蒂隆的影響，在薪資理論及勞動市場方面，亞當斯密幾乎全盤接受了坎蒂隆的主張，並且他還用坎蒂隆的理論解釋了人口成長與薪資水準的關係。

當時，坎蒂隆的價值理論其實更為綜合和全面，他同時

經濟哲思:理論與現實的交融

關注了供給與需求兩面。坎蒂隆認為物品存在內在價值,但是卻常常不能按這個價值在市場上出售。物品的售價還取決於人們的興致和想像,取決於人們的消費量。

他舉了一個例子,美國人去歐洲銷售海狸皮,運輸成本非常高,價格也很昂貴,但是歐洲人願意購買,因為歐洲人認為海狸皮帽子更加輕便,看起來漂亮,摸起來舒服。這個例子就同時包含了勞動價值論和效用價值論雙重思想。

法國經濟學家杜閣也提出了效用價值論思想,他甚至洞見了邊際效用遞減規律。他曾經這樣說過:「當野蠻人飢餓時,他對一塊獵物的估價要超過對最好的熊皮的估價;但是如果他的肚子已經填飽了,面臨著寒冷,那麼對他來說更有價值的東西就變成熊皮了。」在此基礎上,杜閣提出了與亞當斯密、馬克思完全不同的等價交換原理,他說人交換的唯一動機是獲得的東西的估價高於放棄的東西的估價。這其實就是溢價交換理論。這個價,是交換雙方心理的效用。杜閣這一理論,顯然比亞當斯密更富有洞見。

但是,為什麼後來亞當斯密的勞動價值論大行其道呢?亞當斯密其實也研讀過坎蒂隆的《商業性質概論》,但是他卻拋棄了效用價值論的思想。其根本原因是當時社會的生產力過於低下。

當時的物資供給相對短缺,生產、成本、供給才是最重

要的,也是現實價值來源。但到了 19 世紀中後期,隨著生產力快速提升,商品剩餘的情況大量出現,並引發了多次過剩危機,這時經濟學家才開始關注需求端,並提出了效用價值論。

亞當斯密忽視了效用價值論,這或許是時代的必然。後來,奧地利學派採用效用價值論全盤否定了勞動價值論,他們甚至認為亞當斯密的勞動價值論將經濟學帶入了歧途。

不過,面對確定貨幣這一「商品」的價值時,坎蒂隆堅持了勞動價值論,亞當斯密接受了這一主張,坎蒂隆認為貨幣是商品的一個特例。他的理由是,政府的紙幣和銀行券沒有生產成本,所以沒有內在價值。但是,當政府的信用較高時,市場的力量會維持這種憑信用發行的貨幣的價值,使其面值與金銀的價值相符,以此來保證紙幣可以兌換。

不過,大多時候,政府都經不起誘惑,會濫發貨幣。坎蒂隆親身經歷過著名的密西西比泡沫,此後他對紙幣及貨幣當局的信任度大大下降。

而且,坎蒂隆還觀察到,當貨幣超發時,貨幣增加導致的物價上漲,並不是統一增加的,而是在不同領域逐步增加的。這個理論顯然比後來的古典主義者更切實際。

另外,坎蒂隆提出了非常重要的貨幣及國際收支均衡主張。後來,亞當斯密最好的朋友休謨在坎蒂隆的基礎上,創

立了著名的「價格-鑄幣流通機制」理論,這是最完善的國際收支平衡理論。但是,亞當斯密並沒有將視野擴展到國際收支理論,《國富論》中也沒有提及這一重要的理論。

02 成長與自由市場

在整本書中,亞當斯密都堅定地闡述他的自由放任、自由競爭的思想。他使用了「看不見的手」的隱喻,來表達自由市場的資源配置力量。

在亞當斯密之前,政治經濟學家們對自由主義經濟思想的研究已經非常深入。比如休謨的自由思想,對亞當斯密的影響非常大。還有坎蒂隆,強調市場的自我調節與市場均衡。

對亞當斯密自由主張影響最大的應該是法國重農學派。亞當斯密在法國居住了3年,結識了魁奈、杜閣等一批重農學派經濟學家。當時,重農學派是主張自由放任、自由貿易最有影響力的經濟學家團體。

「自由放任」的意思是「不要政府干涉,讓人們做他們喜歡做的事情」。重農學派的阿戎松侯爵被認為是自由放任思想的先驅之一。

他主張「最好的政府管事最少」。阿戎松認為:「每個個人都應為自己的利益努力,而無須忍受限制和計劃不周的防

範措施。每一件事都會完美地運轉……」[27]

杜閣認為，在自由市場中的個人利益必然總是與普遍利益相吻合。他說：「買和賣的普遍的自由是唯一的方法，藉此既可以保證銷售者得到一個足以鼓勵其生產的價格，也可以保證消費者以最低的價格買到最好的商品。」「政府應該總是保護買者購買和賣者出售這樣一種自然的自由。」[28]

杜閣在擔任法國財政大臣時，他的第一個法案就是判令穀物進出口自由。杜閣曾說過：「無論少數自利的商人收集了什麼樣的詭辯論，真理只能是：所有的商業領域都應當獲得自由，同等的自由，完全的自由……」杜閣寫了一首詩：「我不是一個百科全書派，因為我相信上帝；我不是一個經濟學家，因為我沒有國王。」[29]

杜閣甚至指出市場的信譽機制，他認為一個商人如果不顧信譽，最終會因為他的詐欺受到懲罰。自由市場的基本教義派認為，因為市場有信譽機制，所以政府不需要干涉。在今天看來，這種主張還是過於理想主義和極端。

重農學派提倡的自然秩序、稅收、商品與貨幣的循環關係以及對重商主義的批判等，在《國富論》發表之前都有詳

---

[27] 讓-巴蒂斯特·賽伊. 政治經濟學概論 [M]. 趙康英, 譯. 北京：華夏出版社, 2014.
[28] 亞當斯密. 國富論 [M]. 孫善春, 李春長, 譯. 北京：作家出版社, 2017.
[29] 孟德斯鳩. 論法的精神（上下卷）[M]. 許明龍, 譯. 北京：商務印書館, 2012.

◆ 經濟哲思：理論與現實的交融

細論述。亞當斯密很好地吸收了這些經濟學家的自由主義主張，他在書中指出：「一種事業若對社會有益，就應當任其自由，廣其競爭。競爭愈自由，愈普遍，那事業就愈有利於社會。」

這一龐大的思想體系，可以具體分解成幾個方面來理解：

第一個方面是，政府少干涉，「小政府主義」。

亞當斯密用了「看不見的手」這一隱喻來論證，市場不需要政府干涉，也可以在「看不見的手」的指引下高效配置資源。亞當斯密並沒有明確指出這是市場規律。只是後來的經濟學家認為，亞當斯密的「看不見的手」隱喻了市場規律。值得注意的是，「看不見的手」，這個隱喻早在《道德情操論》中就出現過。

「看不見的手」的地位，在 20 世紀初被後來的經濟學家抬高。

諾貝爾經濟學獎得主阿馬蒂亞・森（Amartya Sen）的夫人，經濟史學家艾瑪・羅斯柴爾德（Emma Rothschild，羅斯柴爾德家族成員）認為，亞當斯密的「看不見的手」被誤解了。

在這方面，重農學派創始人魁奈提出的概念比亞當斯密更加明確，更接近市場規律。法國皇太子曾向魁奈抱怨做國王的艱難，但魁奈不以為然。皇太子問：「假如你當國王，你

會做什麼？」魁奈回答：「什麼也不做。」被問及誰將統治這個國家時，魁奈神祕地說：「法律。」他說的法律，是指自然法，更接近規律。

魁奈寫過一本書叫《自然法》，書中寫道：「每一個擁有自然權利的人，都可以自由使用其才能，只要不傷害他自己或其他人。這種自然權必然會得出財產權。」

不過，亞當斯密主張的自由放任，並不是說政府不管理市場。亞當斯密的追隨者們往往放大了亞當斯密的自由放任主張。

其實，亞當斯密在《國富論》最後一篇中論述了政府應該有所作為，比如國防、司法、公共教育、公共工程、徵稅等方面。

第二個方面是均衡正規化。

亞當斯密並沒有在《國富論》中明確提出均衡正規化，但其大量論述的自由市場交換系統實際上就是一個均衡體系。亞當斯密也因此開闢了古典主義經濟學的正規化，這一正規化在新古典主義中得到強化，對經濟學影響深遠。

在這方面，重農學派提出的「自然秩序」對亞當斯密啟發很大，亞當斯密也全盤吸收了重農學派的主張。西元1758年，魁奈在其為國王所著的《經濟表》中，描述了在一個理想的、自由競爭的經濟體中，商品與貨幣的循環流動，像「自

經濟哲思：理論與現實的交融

然秩序」一樣簡明、有序。

經濟的自然秩序啟發人們思考經濟執行的規律，推得出自然賦予勞動者獲取勞動成果的權利與「自由放任、自由通行」的信條。

值得注意的是，《經濟表》提出了很多現代經濟學意義的概念和理論，如總量、投入 - 產出分析、計量經濟學、對均衡的描述、乘數思想等。

《經濟表》和「自然秩序」對亞當斯密的影響很大。亞當斯密和魁奈都是牛頓的追隨者，他們都崇尚牛頓的機械宇宙觀，注重均衡體系。

在重農學派的均衡體系中，土地是唯一的生產數據，亞當斯密則強調土地、資本和勞動力三者都很重要。

後來的經濟學家，尤其是瓦爾拉斯，大大地發展了均衡思想，將經濟學真正帶入物理主義和數學實證的道路。均衡正規化以及實證研究方法的好處是，可以用更加科學的方式發展經濟學理論。同時，實證研究可以最大限度地理解經濟世界的總體關係。

但是，均衡正規化有沒有什麼問題呢？

均衡正規化容易陷入機械、靜止以及理想主義的死巷中，具體表現為理解不了經濟世界的因果關係。亞當斯密開創的古典主義有一個非常大的常識性錯誤，他們回答不了

「為什麼」的問題。比如,為什麼經濟會成長?為什麼經濟會衰退?為什麼會發生通貨膨脹?為什麼會發生失業?

早期的經濟學家,如賽伊,是否定經濟危機的。還有馬爾薩斯(Thomas Robert Malthus),因為理解不了經濟為什麼會成長,才開創了錯誤的「人口理論」。均衡正規化導致了經濟成長理論發展長期落後,直到1980年代,經濟學家才徹底搞清楚經濟為什麼會成長。

均衡正規化是一種總體的、科學主義思維,它無法解釋個體的變化,更無法接受突破性。亞當斯密的均衡正規化只接受客觀性的東西,如土地、資本和勞動力。在他看來,勞動力只是普通工人,沒有過人的智慧和技術。

雖然他在《國富論》中發現了熟練工人和知識累積的價值,但是他又很快否定了技術工人。為什麼?因為技術進步會帶來規模遞增,而規模遞增會打破他的均衡正規化,甚至會引發壟斷,與他自由競爭的理念相違背。

後來的經濟學家馬歇爾將亞當斯密這個矛盾概括出來,人們稱之為「馬歇爾悖論」。這導致經濟學家很久才發現技術進步、知識累積以及企業家的價值。即使發現了技術力量,他們也一直排斥技術,認為它是一個外部變數,是不確定的東西,對均衡正規化有傷害。所以古典主義經濟學家研究學術時,往往把技術假定為不變,這樣他們就很難發現經濟成

長的根源。

亞當斯密之前的經濟學家反而沒有思想限制。坎蒂隆認為，土地、資本和勞動都是原始的生產要素，但是他和杜閣都發現了企業家才能的價值。企業家才能的發現，實際上就承認了知識的力量，也從個體上發現了經濟進步的根源，同時打破了均衡體系，關注不確定性。

投機家出身的坎蒂隆提出了不確定性以及關注企業家，他論述了企業家在不確定性市場中的功能和作用。德拉卡列的《商人的指南》就是經濟學史上最早、最全面系統論述企業家（書中稱「商人」）的著作。

遺憾的是，亞當斯密有意做了取捨，他堅持了均衡正規化，放棄了知識、技術以及企業家的進步力量。這是早期經濟學的一大遺憾。

03 利己和經濟道德

幾千年來，社會菁英都極力強調個體及社會道德的塑造。身為一名關懷人類命運的哲學家，亞當斯密起初也是按照這個思路，寫出了《道德情操論》。

在《道德情操論》中，亞當斯密試圖用同情心的基本原理來闡釋正義、仁慈、克己等一切道德情操產生的根源，進而揭示出人類社會賴以維繫、和諧發展的基礎以及人的行為應

讀《國富論》：亞當斯密的繼承、開創和遺漏

遵循的一般道德準則。

這部著作一經出版，在社會倫理學和哲學領域都得到了推崇，亞當斯密也藉此躋身英國一流學者之列。

不過，當亞當斯密遊歷歐洲大陸，接觸到政治經濟學，尤其是重農學派時，他發覺人類社會體系還存在另一個基礎，那就是與同情心相對的利己之心。

當時的經濟學者們研究的都是生產、交換、貨幣、價值等經濟現象，沒有一位經濟學家從人性的角度去思考這些行為的根源。亞當斯密沿著過去研究《道德情操論》的基礎，又為人類的經濟行為找到了一個理論基礎，那就是利己之心。後者則成為他在《國富論》中推崇的自由放任、自由競爭市場的交易基礎。

利己之心，很多人理解為私心或自私自利，不管怎樣理解，自利始終是人性中固有的部分，就像同情心一樣。亞當斯密能夠接受利己之心這一價值主張。他甚至發現，人性中的利己之心比同情心更加可靠。我們的同情心大多給了我們身邊和熟悉的人，但是市場交易對象之廣泛和陌生，同情心無法構成交易交換的基礎。

他在《國富論》中這樣寫道：「我們每天所需的食物和飲料，不是出自屠戶、釀酒商或麵包師的恩惠，而是出於他們自利的打算。每個使用資本和勞動的個人，既不打算促進公

共利益，也不知道他自己是在什麼程度上促進那種利益。他受一隻看不見的手的指導，去盡力達到一個並非他本意想要達到的目的。透過追逐自己的利益，他經常促進了社會的利益。」

當時，亞當斯密接受利己之心是不容易的。不管是神學還是社會倫理學，都將自利列入道德敗壞的範圍。亞當斯密能兼容並蓄，包容這兩種不同的思想，並在各自基礎上建立不同的學科體系，足以見得其思想有跨學科、跨時代的前瞻性。

其實，《國富論》和《道德情操論》相比，前者的學術嚴謹性遠不如後者。這兩本書出版時間相隔17年，但是，它們又是交替創造、修改再版的兩部著作，從書中可以清晰地看到亞當斯密在這兩種完全不同又相互關聯的體系中反覆對比和修改，尤其是對《道德情操論》的修改較為明顯。

在思考這些問題的時候，我們能看到處在矛盾中的亞當斯密。

比如，他提出了一個讓人難以回答的問題：我們應該喜歡一個道德敗壞而勤奮的人，還是一個善良而懶惰的人。

《道德情操論》和《國富論》給出了人類社會維繫及延續的兩種不同的解決方案，前者基於人類與生俱來的同情心，後者基於人類與生俱來的自利之心。一種是倫理道德，一種是經濟道德；一種是人為建立的社會秩序，一種是市場形成

的自然秩序；一種強調社會福利公平，一種強調資源配置效率。200多年來，政府與市場的博弈，公平與效率的爭論，本質上就是這兩大思想互為矛盾又相互制衡。

這兩大思想實際上代表著不同的價值主張及社會體系。

基於利己之心的經濟道德則主張個人主義、自由主義、私有財產、自由競爭、自然秩序等，這種市場秩序並不需要人為或者政府來組建，而是自然形成的。

亞當斯密主張的經濟道德實際上跳出了幾千年來教義倫理的範疇，從另一個角度來解決人類延續的問題。

在經濟系統中，素不相識的釀酒商、麵包師都在關心你喜歡喝什麼酒、吃什麼口味的麵包，有趣的是他們在讓你稱心如意、心滿意足的同時，自己也獲得了利益，或者說出發點就是為了自己獲利。

在原來的農業社會體系中，人口基本不流動；在熟人圈子裡，倫理道德其實是很有效的，甚至可以說是社會延續的基本解決方案。

但是，在工業時代，人口大量流動，人與人之間的關係已經徹底改變，市場交換極大地促進了陌生人之間的接觸、交易以及合作。原有的倫理道德土崩瓦解，社會信用體系也被衝擊，那麼在這種市場經濟社會，又該建立什麼樣的道德體系呢？

經濟哲思：理論與現實的交融

亞當斯密敏銳地發現，以利己之心建構的經濟道德以及市場規則，是陌生人大規模合作的執行法則。正因如此，亞當斯密的《國富論》才成為資本主義自由經濟的理論基礎。

亞當斯密告訴我們，在市場中，你只要按照自利原則行動，「看不見的手」就會幫助社會實現福利最大化。

所以，亞當斯密的偉大之處在於，他除了稟承哲學路徑找到道德情操的傳統方案，還開創了人類社會延續的另一種解決方案。

與之前的經濟學家相比，亞當斯密在《國富論》中的偉大貢獻是，從最底層，也就是人類自身的利己之心出發找到了經濟學理論的基礎，還從最頂層，也就是人類社會延續的高度思考了經濟學的使命。

亞當斯密這兩種看似截然相反的思想告訴我們，在今天的市場經濟社會裡，親人、朋友、熟人之間需要更多的愛心、善念、同情心，跟陌生人之間合作則更多地遵循利己原則，如果弄反了就容易出問題。

但是，亞當斯密對市場規律的認知與表述，是遠不及重農學派的，甚至他在《國富論》中也並未表述過市場規律、市場秩序這些概念。而重農學派的魁奈則生動地描繪出了市場交易的循環圖，甚至以「規律」二字指出了經濟執行的本質。

歸根結柢，亞當斯密不可能在自己的學術思想範疇裡跳

讀《國富論》：亞當斯密的繼承、開創和遺漏

脫太遠。他的學術思想，主要來自斯多葛主義倫理學和他的老師哈奇森的基督教美德思想。亞當斯密在格拉斯哥大學多年的講義中最重要的部分就是「自然神學」，即斯多葛學派和哈奇森的基督教思想。

由於亞當斯密追求完美，在臨終前他囑咐將其全部手稿燒毀，也包括自然神學這份，我們無從考證亞當斯密這份手稿的具體內容。但是，從斯多葛學派的主張可以推斷出，自然神學應該是關於宇宙的先定和諧的理念。

從當時以及亞當斯密的學術背景來看，《國富論》中「看不見的手」最可能的解釋是自然神學，也就是由神設計的市場自然秩序。亞當斯密對神學思想的推崇，從他對這兩部作品的評價中可以看出。他認為《國富論》是一部遠比《道德情操論》低階得多的作品。這個評價可能大大出乎大家的意料。

現在很多人誤以為，市場的自利思想是亞當斯密發明的。其實不是，在亞當斯密之前，利己主義是歐洲非常著名的一個哲學流派，著名哲學家霍布斯就堅持利己主義。杜閣曾說過，自利是經濟行為的主要推動力。

當時最著名的利己主義者應該是英國哲學家伯納德‧曼德維爾。

曼德維爾寫過一本非常流行的書，叫《蜜蜂的寓言》。這本書的核心思想可以概括為「私人惡德即公共利益」。

經濟哲思：理論與現實的交融

怎麼理解呢？曼德維爾認為，私欲的「惡之花」結出的是公共利益的善果。這就是著名的「曼德維爾悖論」。

《國富論》這本書內容詳實，亞當斯密為了論述一個主張往往會引用大量的事例和資料。但令人感到奇怪和遺憾的是，亞當斯密沒有對當時英國正在爆發的工業革命做描述和分析，甚至對現實的工業經濟惜墨如金。書中很多資料來自前人的記載，當時經濟的一手資料卻很少。

亞當斯密一直被認為是經濟學之父，《國富論》的出版意味著現代經濟學的創立。從經濟學發展的歷史來看，邊際主義、德國歷史學派、凱因斯主義、蘇聯計劃經濟都對亞當斯密學說做出過批判，但依然很難動搖他的地位，這些學派依然認為亞當斯密是經濟學的開創者。

只有奧地利學派對亞當斯密的批判比較特別。在他們心中，亞當斯密不但不是經濟學的開創者，還將經濟學帶入歧途。奧地利學派認為，坎蒂隆和杜閣更應該是經濟學的開創者。

奧地利學派的羅斯巴德在《亞當斯密以前的經濟思想》中詳細論述了亞當斯密學說和奧地利學說的起源、理論與方法論。他認為，斯密學說源於蘇格蘭啟蒙思想和新教思想，而奧地利學派源於古希臘、古羅馬、西班牙經院哲學和天主教。實際上是兩大不同宗教和思想流派在經濟學領域的發

展。羅斯巴德對亞當斯密的批判有些極端，他甚至輕蔑地認為，亞當斯密是一個剽竊成癮的學者。

但細讀《國富論》會發現，亞當斯密是一個集大成者和學派開山者。他認真地吸收、分析前人的主張，博採眾長，建立了前所未有的、豐富多彩的經濟學體系。但同時，他的體系也不完美，這種遺漏無法跳脫時代，也成為經濟學史上的遺憾。

透過比較的方式，認識一部不一樣的《國富論》。

參考文獻

[1] 亞當斯密. 國富論［M］. 孫善春，李春長，譯. 北京：作家出版社，2017.

[2] 默瑞‧N. 羅斯巴德. 亞當斯密以前的經濟思想［M］. 張鳳林，譯. 北京：商務印書館，2012.

[3] 汪丁丁. 經濟學思想史進階講義［M］. 上海：上海人民出版社，2008.

國家圖書館出版品預行編目資料

中國樓市崩盤中：債務危機、政策調控、經濟轉型……深度剖析樓市難題，重構城市與經濟的發展之路 / 智本社 著 . -- 第一版 . -- 臺北市：山頂視角文化事業有限公司 , 2025.02
面；　公分
ISBN 978-626-99407-1-4(平裝)
1.CST: 不動產業 2.CST: 住宅政策 3.CST: 中國
554.89　　　　　　　114000533

電子書購買

爽讀 APP

中國樓市崩盤中：債務危機、政策調控、經濟轉型……深度剖析樓市難題，重構城市與經濟的發展之路

臉書

作　　者：智本社
發 行 人：黃振庭
出 版 者：山頂視角文化事業有限公司
發 行 者：山頂視角文化事業有限公司
E - m a i l：sonbookservice@gmail.com
粉 絲 頁：https://www.facebook.com/sonbookss
網　　址：https://sonbook.net/
地　　址：台北市中正區重慶南路一段 61 號 8 樓
8F., No.61, Sec. 1, Chongqing S. Rd., Zhongzheng Dist., Taipei City 100, Taiwan
電　　話：(02) 2370-3310　傳真：(02) 2388-1990
印　　刷：京峯數位服務有限公司
律師顧問：廣華律師事務所 張珮琦律師

-版權聲明-

本書版權為中國經濟出版社所有授權山頂視角文化事業有限公司獨家發行電子書及繁體書繁體字版。若有其他相關權利及授權需求請與本公司聯繫。

未經書面許可，不得複製、發行。

定　　價：350 元
發行日期：2025 年 02 月第一版